Introduzione alla Macroeconomia

Cenni teorici ed esercizi svolti

2020, Seconda Edizione

Francesca Pancotto

Indice

Capitolo 1

Le principali variabili macroeconomiche

1.1 PIL: teoria e metodi di calcolo

DEFINIZIONE 1. *Il Prodotto Interno Lordo è la misura fondamentale del prodotto aggregato in un sistema economico. E' il valore di tutti i beni e servizi finali prodotti all'interno del Paese in un determinato periodo di tempo.*

- **Metodo 1.** *Somma dei valori di tutti i beni e servizi finali prodotti in un' economia in un Paese in un dato periodo di tempo. Vengono esclusi dal calcolo i beni intermedi per evitare la doppia contabilizzazione.*

- **Metodo 2.** *Somma dei valori aggiunti di tutte le unità produttive. Il valore aggiunto di una unità produttiva è la differenza fra il valore della produzione totale e il valore dei beni e servizi intermedi utilizzati nel processo produttivo e incorporati nei beni finali.*

- **Metodo 3.** *Somma dei redditi guadagnati dai fattori produttivi impiegati in tutte le fasi di produzione. I redditi sono: redditi da lavoro (salari e stipendi), redditi da capitale e profitti, imposte indirette.*

1.1.1 PIL Nominale e PIL Reale

DEFINIZIONE **2.** *Il Pil Nominale è il valore di tutti i beni e servizi finali prodotti in una economia in un dato periodo di tempo, valutati ai prezzi correnti.*

DEFINIZIONE **3.** *Il Pil Reale è il valore di tutti i beni e servizi finali prodotti in una economia in un dato periodo di tempo, valutati ai prezzi di un anno base.*

1.1.2 Tasso di crescita del PIL

DEFINIZIONE **4.** *Il tasso di crescita del PIL reale (Pil reale = Y_t) fornisce indicazioni sulla crescita economica di un Paese. Il tasso di crescita del PIL reale nell'anno t si definisce come $Y_t = \frac{Y_t - Y_{t-1}}{Y_{t-1}}$ e cioè come variazione percentuale rispetto all'anno precedente del PIL reale.*

1.2 Altre definizioni importanti

1.2.1 Livello dei prezzi e inflazione

DEFINIZIONE **5.** *L'indice dei prezzi al consumo è una misura statistica ottenuta attraverso il calcolo della media dei prezzi di un insieme di beni e servizi, ponderati per l'incidenza di ciascuno di questi beni sul complesso. Questo insieme viene chiamato paniere ed ha come riferimento le abitudini di acquisto di un consumatore medio.*

DEFINIZIONE **6.** *L'inflazione è il tasso di variazione dei prezzi.*

DEFINIZIONE **7.** *Il livello dei prezzi viene misurato con due strumenti: il deflatore del PIL e l'indice dei prezzi al consumo. Il deflatore del PIL si calcola dividendo il PIL nominale per il PIL reale dello stesso anno.*

DEFINIZIONE **8.** *Il deflatore del PIL è un indicatore del prezzo medio dei beni finali prodotti in una economia. Il deflatore del PIL è un numero indice: il suo livello viene scelto arbitrariamente uguale a 1 per l'anno base. Il tasso di variazione percentuale del deflatore del Pil rappresenta il tasso di inflazione, e corrisponde a* $P_t = \frac{P_t - P_{t-1}}{P_{t-1}}$.

1.2.2 Il mercato del lavoro

La rilevazione campionaria sulle forze di lavoro rappresenta la principale fonte di informazione statistica sul mercato del lavoro italiano. Le informazioni rilevate presso la popolazione, costituiscono la base sulla quale vengono derivate le stime ufficiali degli occupati e dei disoccupati.

DEFINIZIONE **9.** *La Popolazione Attiva – denominata anche Forze di Lavoro – è formata dalla somma di Popolazione Occupata e Disoccupata, e corrisponde all'offerta di lavoro disponibile nel Paese.*

DEFINIZIONE **10.** *Popolazione Occupata: Persone di 15 anni e più che nella settimana di rilevazione hanno svolto un lavoro retribuito (anche non retribuito, se svolto abitualmente nella ditta di un familiare) in una qualsiasi attività, o sono temporaneamente assenti dal lavoro. Si prescinde dalla sottoscrizione di un contratto di lavoro: gli occupati comprendono pertanto anche forme di lavoro irregolare.*

DEFINIZIONE **11.** *Popolazione Disoccupata: persone non occupate di 15 anni e più che nel periodo strettamente precedente la settimana di rilevazione hanno effettuato una ricerca attiva di lavoro e sono immediatamente disponibili a lavorare alle condizioni attuali del mercato.*

Popolazione	Attiva (Forze di lavoro)	Occupata
		Disoccupata
	Non attiva	In età lavorativa (15-64)
		In età non lavorativa

Tabella 1.1: La popolazione e il lavoro

DEFINIZIONE **12.** *Tasso di disoccupazione: è pari al numero di disoccupati diviso la somma di occupati e disoccupati e cioè sul totale della popolazione attiva*

1.3 PIL: esercizi

1.3.1 Esercizio

Data la seguente economia in cui l'intera produzione è costituita da pane, latte e miele. La quantità prodotta e il prezzo di tali beni in due differenti anni sono riportati in tabella:

Quantità			Prezzi		
Beni	2006	2007	Beni	2006	2007
Pane	250	300	Pane	4	5
Latte	1800	2000	Latte	2	3
Miele	1200	1000	Miele	1	2

Tabella 1.2: Quantità e prezzi

Abbreviazioni:

- Prezzo Pane = P_{pane}^{anno}
- Quantità Pane = Q_{pane}^{anno}
- Prezzo Latte = P_{latte}^{anno}
- Quantità Latte = Q_{latte}^{anno}
- Prezzo Miele = P_{miele}^{anno}
- Quantità Miele = Q_{miele}^{anno}

1. Calcolare il PIL nominale nel 2006.
   Soluzione:

$$\text{PIL nominale 2006} = P_p^{2006} \cdot Q_p^{2006} + P_l^{2006} \cdot Q_l^{2006} + P_m^{2006} \cdot Q_m^{2006}$$
$$\text{PIL nominale 2006} = 250 \cdot 4 + 1800 \cdot 2 + 1200 \cdot 1 = 5800$$
$$\text{PIL nominale 2006} = 1000 + 3600 + 1200 = 5800$$

2. Calcolare il PIL nominale nel 2007.
   Soluzione:

$$\text{PIL nominale 2007} = P_p^{2007} \cdot Q_p^{2007} + P_l^{2007} \cdot Q_l^{2007} + P_m^{2007} \cdot Q_m^{2007}$$
$$\text{PIL nominale 2007} = 300 \cdot 5 + 2000 \cdot 3 + 1000 \cdot 2 = 9500$$
$$\text{PIL nominale 2007} = 1500 + 6000 + 2000 = 9500$$

3. Calcolare il Pil reale del 2006 e del 2007 prendendo come anno base il 2006.
   Soluzione:

$$\text{PIL reale } 2006_{base2006} = \text{PIL nominale 2006}$$
$$\text{PIL reale } 2007_{base2006} = P_p^{2006} \cdot Q_p^{2007} + P_l^{2006} \cdot Q_l^{2007} + P_m^{2006} \cdot Q_m^{2007}$$
$$\text{PIL reale } 2007_{base2006} = 300 \cdot 4 + 2000 \cdot 2 + 1000 \cdot 1$$
$$\text{PIL reale } 2007_{base2006} = 1200 + 4000 + 1000 = 6200$$

Ricordiamo che PIL nominale e reale coincidono nell'anno base.

4. Calcolare il deflatore del Pil per gli anni 2006 e 2007, usando i valori dell'anno base 2006.

Soluzione:

$$\text{Deflatore PIL}_{2006} = \frac{\text{PIL nominale 2006}}{\text{PIL reale } 2006_{base2006}} = \frac{5800}{5800} = 1$$
$$\text{Deflatore PIL}_{2007} = \frac{\text{PIL nominale 2007}}{\text{PIL reale } 2007_{base2006}} = \frac{9500}{6200} = 1.5323$$

5. Calcolare il tasso di crescita dei prezzi tra 2006 e 2007, usando i valori dell'anno base 2006.

Soluzione:

$$\text{Crescita dell'inflazione 2006-2007} = \frac{\text{deflatore } 2007_{base2006} - \text{deflatore } 2006_{base2006}}{\text{deflatore } 2006_{base2006}}$$
$$\text{Crescita dell'inflazione 2006-2007} = \frac{(1.53 - 1)}{1} = 0.53$$

6. Calcolare il Pil reale del 2006 e del 2007 prendendo come anno base il 2007.

Soluzione:

$$\text{PIL reale } 2007_{base2007} = \text{PIL nominale } 2007 = 9500$$

$$\text{PIL reale } 2006_{base2007} = P_p^{2007} \cdot Q_p^{2006} + P_l^{2007} \cdot Q_l^{2006} + P_m^{2007} \cdot Q_m^{2006}$$

$$\text{PIL reale } 2006_{base2007} = 250 \cdot 5 + 1800 \cdot 3 + 1200 \cdot 2$$

$$\text{PIL reale } 2006_{base2007} = 1250 + 5400 + 2400 = 9050$$

7. Calcolare il deflatore del PIL per gli anni 2006 e 2007, usando i valori dell'anno base 2007.

   Soluzione:

$$\text{Deflatore PIL}_{2006} = \frac{\text{PIL nominale 2006}}{\text{PIL reale } 2006_{base2007}} = \frac{5800}{9050} = 0.61$$

$$\text{Deflatore PIL}_{2007} = \frac{\text{PIL nominale } 2007_{base2007}}{\text{PIL reale } 2007_{base2007}} = \frac{9500}{9500} = 1$$

8. Calcolare il tasso di crescita dei prezzi tra 2006 e 2007, usando i valori dell'anno base 2007.

   Soluzione:

$$\text{Crescita dell'inflazione 2006-2007} = \frac{\text{deflatore 2007- deflatore 2006}}{\text{deflatore 2006}}$$

$$\text{Crescita dell'inflazione 2006-2007} = \frac{(1 - 0.61)}{0.61} = 0.63$$

$$\text{Crescita dell'inflazione 2006-2007 (\%)} = 0.63 \cdot 100 = 63\%$$

Capitolo 2

Il mercato dei beni

2.1 Il mercato dei beni: teoria

La salute di un sistema economico si misura in base al Prodotto Interno Lordo (PIL), in particolare in relazione alla crescita del PIL stesso. La crescita economica corrisponde ad una situazione in cui la crescita del PIL è positiva da un anno all'altro, mentre la recessione corrisponde ad una situazione in cui il PIL osserva almeno tre trimestri consecutivi di crescita negativa.

Per ottenere queste valutazioni, le istituzioni nazionali effettuano misurazioni della composizione del PIL non solo in termini aggregati, ma anche dettagliando per composizione, cioè a seconda del tipo di prodotto che viene venduto sul mercato e che quindi realizza una transazione contabilizzata.

La composizione del PIL viene disaggregata in base alla natura del soggetto che la effettua. Ci sono quattro gruppi di soggetti che contribuiscono alla determinazione del PIL quali le famiglie, le imprese, il governo e i Paesi esteri. Ognuno di essi identifica una componente specifica del PIL, in particolare:

- La famiglie realizzano le spese per consumi: C
- Le imprese realizzano le spese per investimenti: I
- Il governo realizzano la spesa pubblica: G
- I paesi esteri acquistano beni nazionali prodotti nel nostro paese creando esportazioni: EXP
- Il nostro paese acquista beni nazionali all'estero, creando importazioni: IMP

La somma algebrica di queste componenti determina la spesa del prodotto di un Paese come segue:

$$Y = C + I + G + EXP - IMP$$

Sostanzialmente tutto il reddito prodotto nel paese, e cioè Y, si può scomporre in 5 sotto-componenti. La spesa per importazioni M non costituisce reddito prodotto internamente, perché è determinata da produzione fatta da Paesi esteri che viene però acquistata dai nostri cittadini. Quindi, il valore del reddito che viene speso per tali beni di importazione deve essere tolto dal calcolo del PIL: per questo motivo viene inserito con un meno nella equazione del PIL.

Una volta osservate queste componenti del PIL che risultano da una analisi contabile riferita al passato, e quindi basata su osservazioni di dati relativi a periodi precedenti, potremmo chiederci invece quale sarà il PIL, determinandone pertanto la sua crescita futura. Per realizzare questo obiettivo, dobbiamo immaginare un modello teorico che simuli il comportamento dell'economia e che, utilizzando i dati passati, ci permetta di farci una idea ragionevole su quale sarà l'andamento dell'economia stessa, nei periodi successivi a quello appena trascorso.

Per realizzare questo obiettivo, gli economisti utilizzano modelli matematici che ipotizzano una funzione di comportamento per i soggetti economici prima identificati, e che identificano i soggetti generatori delle componenti del PIL, individuate dalla contabilità nazionale. In pratica, per ognuna delle componenti prima introdotte, invece di usare il dato relativo osservato nella contabilità del periodo precedente, immaginiamo che il relativo soggetto effettui le sue scelte in base ad una regola matematica prefissata. Tale regola matematica, ispirandosi dunque all'osservazione dei dati passati, ci aiuta a stimare i dati futuri, i quali non possono essere direttamente osservati (non essendosi ancora realizzati).

Per ognuna delle componenti del PIL prima descritte definiremo una funzione matematica; mettendo insieme tutte le formule così definite, creeremo un modello teorico generale, in cui tutti gli agenti saranno presi in considerazione.

Alla fine, grazie ad una condizione di equilibrio, otterremo una stima del PIL o del reddito futuro, avendo ben presente quali sono state le ipotesi matematiche (e teoriche) che abbiamo utilizzato per ottenere tale stima. **NB!** In questa procedura utilizziamo una semplificazione, e cioè immaginiamo che i consumi di tutte le famiglie possano essere espressi con una unica funzione, come se si trattasse di una unica famiglia. Allo stesso modo, immaginiamo una funzione degli investimenti delle imprese, come se ci fosse una sola impresa gigante che fa investimenti per tutte. Questa ovviamente è una semplificazione che risponde alla necessità di trovare una soluzione matematica semplice per il nostro problema complesso, vale a dire la determinazione del PIL del sistema economico. Alternativamente dovremmo definire una funzione del consumo per ogni singola famiglia e impresa: come potete immaginare sarebbe una procedura molto complessa che non ci permetterebbe di ottenere un risultato facilmente.

Nei prossimi paragrafi studieremo quindi separatamente ognuna delle componenti identificate che formeranno la nostra domanda aggregata - AD.

DEFINIZIONE 13. *La domanda aggregata è la somma delle componenti che identificano la domanda di beni in un sistema economico.*

Una volta descritte le singole componenti che costituiscono la funzione di domanda aggregata AD, dovremo imporre una condizione di equilibrio che ci permetta di determinare il reddito di equilibrio, che è l'obiettivo del nostro studio. Infatti, grazie al modello che studieremo, potremo effettuare delle stime del reddito futuro che servono al sistema economico per prendere decisioni relative al futuro stesso.

La condizione di equilibrio nel mercato dei beni è definita dalla seguente formula:

$$Y = AD$$

Dalla condizione si evince che ci troviamo in equilibrio nel mercato dei beni quando tutta la produzione Y che viene realizzata nel Paese, viene domandata, consumata dalle componenti del sistema, ossia dalla domanda aggregata (AD). Allo stesso modo, la domanda di beni desiderata deve essere esattamente soddisfatta dalla produzione Y che viene realizzata. **Attenzione:** in questa fase, separiamo il reddito Y dalla domanda AD e definiamo il reddito come produzione. Facciamo ciò perché sappiamo che il reddito percepito nel sistema deriva in qualche modo da beni prodotti o da servizi realizzati; quindi è utile rammentare che $reddito = produzione = Y$. Questa ovviamente non è una situazione che si verifica sempre, ma decidiamo noi che la situazione migliore possibile, teoricamente, che ci possiamo aspettare, sia quella in cui la produzione soddisfa interamente la domanda.
Andiamo ora ad esplorare le singole componenti della AD.

2.2 Le componenti della domanda aggregata

2.2.1 I consumi

La funzione del consumo rappresenta le scelte di consumo delle famiglie. Si ipotizza che, ragionevolmente, i consumi delle famiglie dipendano dal reddito disponibile e cioè dal reddito che le famiglie percepiscono dopo aver pagato le tasse. Definiamo quindi anche una funzione delle tasse, che vengono decise dal governo ovviamente, e che esprimiamo genericamente con la lettera T.

La funzione del consumo è quindi la seguente:

$$C = C(Y - T)$$

In questa formulazione ipotizziamo che i consumi delle famiglie siano una funzione generica C, che dipende positivamente da Y (+) e negativamente da T (-). Quindi, maggiore è il reddito prodotto, maggiori saranno i consumi delle famiglie; allo stesso tempo, maggiori sono le tasse che il governo decide di imporre, minore sarà il consumo delle famiglie. Potremmo essere più espliciti in relazione a tale funzione decidendo di imporre una forma funzionale precisa a tale relazione, in particolare la forma lineare, la quale è conveniente poichè semplifica calcoli e realizzazioni grafiche. Riscriviamo quindi la funzione del consumo come segue:

$$C = C0 + C1(Y - T)$$

In questa funzione sono riscontrabili due addendi. Il primo, $C0$, rappresenta il livello del consumo che si effettua quando il reddito è zero. Infatti $C0$ non moltiplica Y; se proviamo a sostituire Y con 0, osserviamo come C sia esattamente uguale a $C0 - C1T$. Possiamo pensare ai consumi di chi non lavora o dei bambini.
Il secondo addendo è costituito dal parametro $C1$, che moltiplica il reddito disponibile $(Y - T)$: tale parametro rappresenta la propensione marginale al consumo.

Definizione **14.** *La propensione marginale al consumo è la percentuale di reddito disponibile che le famiglie decidono di spendere in consumi (e quindi di non risparmiare).*

La propensione marginale al consumo, essendo una percentuale, può assumere un valore compreso tra 0 e 1, estremi esclusi (ne' esattamente 0, ne' esattamente 1). Essa indica, per ogni unità aggiuntiva di reddito disponibile, quale sarà la percentuale che le famiglie decideranno di destinare a consumi di tale aggiuntiva unità. Rappresentiamo ora la funzione del consumo in un sistema di assi cartesiani, dove abbiamo all'asse delle ascisse il valore del reddito mentre all'asse delle ordinate il valore dei consumi. Questa scelta dipende dal fatto che la funzione C dipende dal reddito, dato che si consuma una percentuale di quest'ultimo; pertanto, dobbiamo studiare come varia tale variabile al variare di Y.

Per disegnare una retta su un piano sono sufficienti due informazioni e cioè l'intercetta e la pendenza. Innanzitutto possiamo identificare l'intercetta, la quale corrisponde al valore della funzione C quando il reddito è pari a 0: sostituendo $Y = 0$ nella funzione del consumo otteniamo $C = C0 + C1(Y - T) = C0 - CT$. Questo è il valore del consumo corrispondente alla componente autonoma. Dal grafico osserviamo, inoltre, che se facciamo variare il reddito Y dal valore YA al valore YB, il valore della funzione del consumo cambia e passa da CA a CB: questa variazione ci permette di capire quale sia il rapporto tra variazioni di Y e variazioni

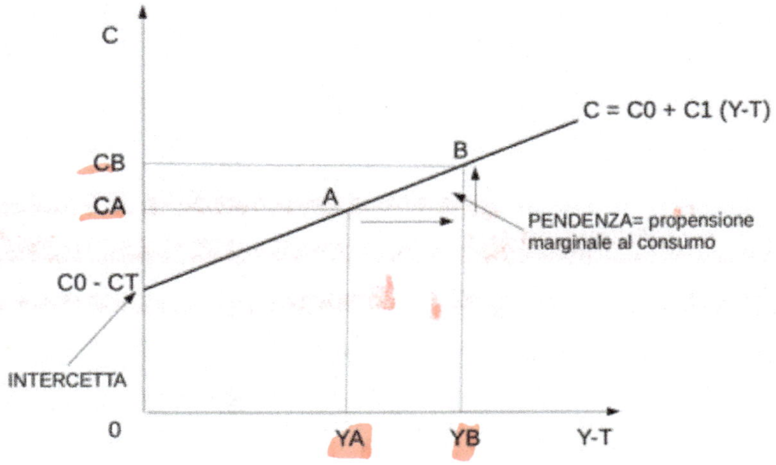

Figura 2.1: La funzione del consumo

di C. Un'altra caratteristica di questa funzione è che se identifichiamo una variazione uguale a $YA - YB$ in un altro segmento della funzione, la variazione corrispondente in C sarà identica: questa caratteristica è tipica delle funzioni lineari che hanno una variazione marginale costante.

La seconda componente da identificare è la pendenza: essa rappresenta quanto varia il valore del consumo al variare di una unità di Y, e cioè la variazione marginale. Per determinare la pendenza, si deve calcolare $\frac{CB-CA}{YB-YA}$, ovvero la derivata della funzione C rispetto a Y, che nella funzione del consumo descritta, corrisponde esattamente alla propensione marginale al consumo. Risulta semplice rappresentare su un foglio una funzione lineare, utilizzando la procedura per punti: calcolo due valori di C per due valori di Y, sostituendoli nella funzione. Per $Y = 0$, sappiamo che $C = C0 - C1T$, mentre per $Y = 1$, abbiamo che $C = C0 - C1(1 - T)$. Se conosciamo i valori di $C0$, $C1$, T possiamo tranquillamente disegnare tale retta in nel piano. Una volta disegnata tale funzione, possiamo domandarci come essa cambi se, ad esempio, le famiglie per qualche ragione modificassero le loro preferenze in merito ai consumi: la funzione rifletterebbe tale variazione, e di conseguenza varierebbe anche la funzione stessa. Se ad esempio aumenta la componente autonoma dei consumi $C0$, vedremo spostare la funzione C parallelamente rispetto alla precedente funzione, di un ammontare esattamente uguale a $C0$. Se volessimo identificare di quanto varia ora il consumo delle famiglie, in seguito ad un aumento del reddito uguale a $YB - YA$, come indicato in figura 2.2a, ci accorgeremmo che la variazione del consumo non è diversa da prima: essendo la funzione lineare, e non essendo variata la pendenza, un aumento del reddito pari a $|YB - YA|$, determina una equivalente variazione del consumo $CB1 - CA1 = CB - CA$.

Se invece ad esempio le famiglie dovessero variare la propensione marginale al consumo, e quindi decidessero di aumentare la quota di consumi che desiderano effettuare per ogni unità di reddito guadagnata, la funzione osserverebbe un aumento della propensione marginale al consumo $C1$: la retta che rappresenta i consumi ruota intorno all'interecetta di un angolo pari al consumo, come in figura 2.2b. La differenza rispetto al caso precedente è che, in seguito ad un aumento del reddito da YA a YB, in questo caso la variazione corrispondente del consumo sarà maggiore proprio perché le famiglie hanno deciso di consumare di più per ogni unità di reddito: infatti, come osservabile in 2.2b, $CB1 - CA1 > CB - CA$.

(a) Aumento della componente autonoma dei consumi

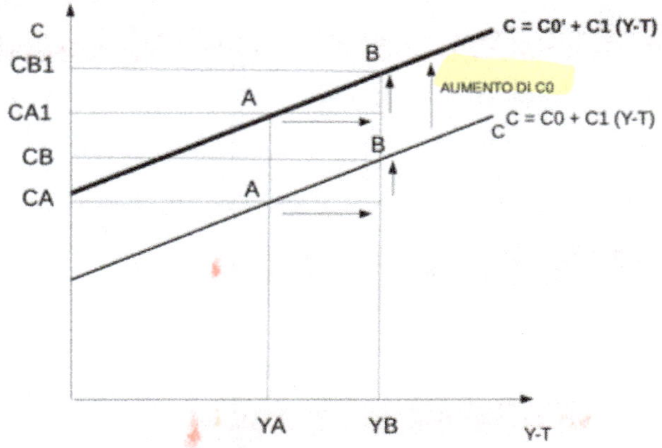

(b) Aumento della propensione marginale al consumo

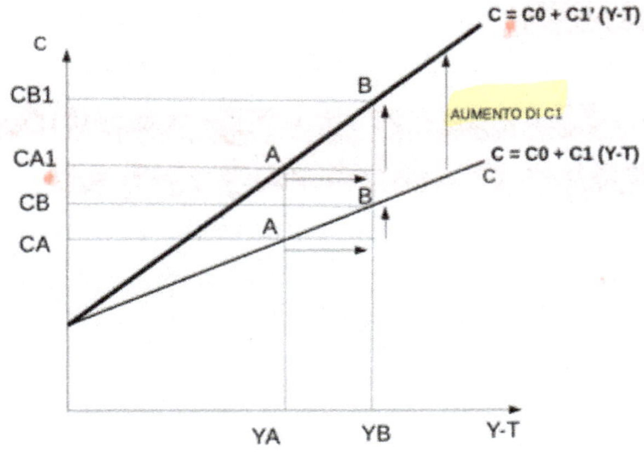

Figura 2.2: La funzione dei consumi

2.2.2 Gli investimenti privati

Il secondo soggetto importante nel sistema economico sono le imprese: queste ultime realizzano i loro investimenti per produrre i beni necessari alla realizzazione dei prodotti. Le decisioni delle imprese in merito agli investimenti sono riassunte dalla funzione degli investimenti, che racchiude in sè le variabili che normalmente influenzano le decisioni degli imprenditori in merito agli investimenti. La funzione degli investimenti può essere rappresentata come segue:

$$I = I0 + I1(Y) - I2i$$

Come osservabile, nella funzione di investimento sono tre le componenti in gioco. Innanzitutto, come nel caso del consumo, esiste un livello di investimento pari a $I = 0$, che non dipende da altre variabili: se reddito e tasso di interesse sono pari a 0, il livello degli investimenti è $I0$. Esso corrisponde a quel valore dell'investimento che viene effettuato in ogni caso, senza essere influenzato da reddito o da altre variabili. La seconda componente corrisponde al livello dell'investimento funzione del reddito: maggiore è il reddito , maggiori sono gli investimenti. Matematicamente è semplice osservare come $I1Y$ indichi che la funzione è positivamente legata ad Y. Dal punto di vista logico, gli investimenti sono legati positivamente a Y perché gli imprenditori decideranno di aumentare i loro investimenti, se si aspettano che il reddito aumenti e che quindi possa aumentare la domanda di loro beni. In questo caso, vorranno produrre di più e il maggiore investimento servirà a soddisfare tale incrementata domanda. In analogia con la funzione del consumo, potremmo interpretare tale componente come la quota del reddito che l'impresa decide di

destinare ad investimento invece che risparmiare.
L'ultima componente, $I2i$, è particolare ed è presente solo nella funzione degli investimenti: indica il legame della funzione dei consumi con il tasso di interesse. Quest'ultimo, nel caso delle decisioni delle imprese, rappresenta il costo del denaro e cioè il costo che le imprese dovrebbero sostenere in termini di finanziamento per realizzare il loro investimento. In teoria, non necessariamente un'impresa deve accendere un mutuo per effettuare un investimento: potrebbe usare liquidità presente nel proprio bilancio. In economia però si considerano anche il costo opportunità di una scelta: quest'ultimo corrisponde al costo dell'impiego alternativo che si è rinunciato ad effettuare per il proprio denaro. In questo caso ad esempio, se l'impresa ha usato la propria liquidità per effettuare l'investimento, ha rinunciato a potenziali guadagni derivanti dall'investire in attività finanziare produttrici di reddito (vedremo più avanti ad esempio i titoli) e quindi in ogni caso il tasso di interesse è rilevante per questa decisione. Dato che il tasso di interesse è un costo, è normale che all'aumentare del costo del finanziamento, espresso da i, si riduca l'investimento: maggiore il costo, minore l'investimento.
Nella figura 2.3 viene riportata la funzione dell'investimento come funzione positiva del reddito: aumenta Y aumenta I. In questa figura non appare però direttamente la relazione negativa con il tasso di interesse i: questo perché in un grafico cartesiano bidimensionale, possiamo rappresentare solo due variabili, mentre nella funzione che stiamo trattando le variabili in gioco sono tre. In questo caso se il tasso di interesse ad esempio aumenta, ciò che accade è che la funzione si sposta parallelamente verso il basso, identificando proprio questa relazione rispetto a i, come si vede nella figura 2.3.

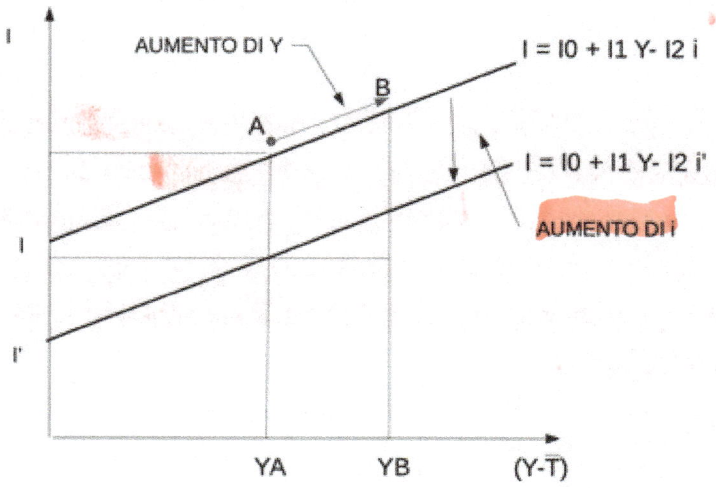

Figura 2.3: La funzione degli investimenti: I in funzione di Y

2.2.3 La spesa pubblica

Il terzo attore che partecipa al sistema economico è il governo. Tramite la politica economica, il governo di ogni Paese può decidere di implementare delle politiche di sostegno dell'economia o di raffreddamento della stessa o comunque il perseguimento di specifici obiettivi economici previsti dal governo stesso. Lo strumento della politica economica che analizziamo è la politica fiscale, la quale può essere realizzata dal governo attraverso due strumenti: la spesa pubblica e le tasse.

Chiamiamo spesa pubblica la domanda di beni che il governo effettua nel sistema economico; viene indicata con G, e costituisce normalmente una variabile esogena. Essa è infatti uno strumento di spesa che il governo può decidere di implementare per aumentare la domanda o ridurla, e raggiungere un determinato obiettivo di reddito. Per questo motivo, la funzione è rappresentata da una retta parallela all'asse delle ascisse, che assume valore fisso relativo al valore della spesa che il governo decide di attuare. L'espressione matematica di tale funzione corrisponde a: $G = \bar{G}$, semplicemente un valore fisso indipendentemente dal valore di Y.

Le politiche fiscali attuate dal governo per mezzo della G, possono essere *espansive* o *restrittive*. Quando attua una *politica fiscale espansiva*, il governo decide di aumentare G: la funzione della spesa pubblica si sposta parallelamente verso l'alto, come nel caso di figura 2.4. Al contrario, quando il governo decide di attuare una *politica fiscale restrittiva*, riduce la domanda di spesa pubblica G, determinando uno spostamento parallelo verso il basso della funzione relativa stessa. è possibile anche che un governo decida di effettuare una politica fiscale che invece di essere esogena - quindi decisa discrezionalmente - sia endogena e cioè dipenda da alcune variabili chiave del sistema, nel nostro caso il reddito o il tasso di interesse. Ad esempio, potrebbe verificarsi il caso di una politica fiscale stabilizzatrice, che aumenti la G quando il reddito supera un certo livello obiettivo, mentre riduca tale spesa, quando il reddito effettivo scende al di sotto dell'obiettivo indicato. Tale funzione potrebbe esprimersi ad esempio come segue:

$$G = G0(Y - Y^*)$$

Nel caso di questo esempio teorico ci limitiamo, per il momento, ad utilizzare la funzione esogena della spesa pubblica.

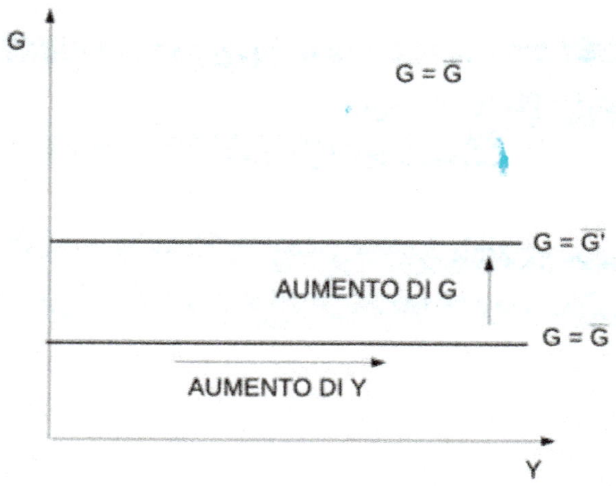

Figura 2.4: La funzione della spesa pubblica

2.2.4 Le tasse

Il secondo strumento che il governo ha a disposizione per realizzare i suoi obiettivi sono le tasse, attraverso le quali il governo finanzia le spese che effettua con la spesa pubblica G. Un primo esempio è il caso semplice di funzione delle tasse corrispondente ad un valore fisso, indipendente da qualsiasi valore di Y, e cioè: $T = \bar{T}$. Tale funzione, è rappresentata in figura 2.5 in basso nel grafico, come la retta parallela all'asse delle ascisse. Le tasse influiscono sul reddito delle famiglie tramite la riduzione del reddito disponibile, che entra nella funzione dei consumi con un segno meno, come abbiamo visto precedentemente.

In questo modo il governo realizza politiche fiscale espansive e restrittive utilizzando la funzione delle tasse:

- *Una politica fiscale espansiva corrisponde ad una riduzione delle tasse*: visto che le tasse si riducono, il reddito disponibile aumenta, aumentando corrispondentemente i consumi delle famiglie.

- *Una politica fiscale restrittiva corrisponde ad un aumento delle tasse*: visto che le tasse aumentano, il reddito disponibile scende, riducendo corrispondentemente i consumi delle famiglie.

Anche la funzione delle tasse può assumere una forma endogena, determinando un aumento o una riduzione delle tasse stesse, a seconda del valore del reddito che si realizza. Ad esempio, una funzione di questo tipo prenderebbe la forma:

$$T = T0 + T1(Y)$$

In questo caso, le tasse aumentano all'aumentare del reddito e si riducono se questo si riduce. Il parametro $T1$ è la quota del reddito che viene destinata a tasse, una specie di aliquota fiscale aggregata, mentre $T0$ è il livello di tasse che si realizza indipendentemente dal reddito. Se $T1$ aumenta, vuol dire che il governo ha deciso di effettuare una politica fiscale restrittiva, aumentando la quota di reddito che i cittadini devono versare in tasse. In modo contrario, riducendo tale quota, si realizza la politica espansiva. Le due funzioni delle tasse e l'effetto della variazione di T1 sono riportati in figura 2.5.

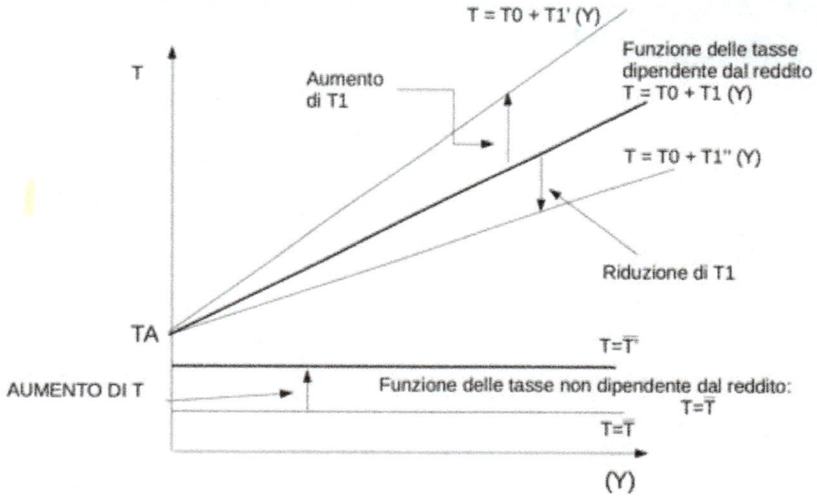

Figura 2.5: La funzione delle tasse

2.2.5 La domanda aggregata in economia chiusa

Abbiamo fino ad ora descritto le componenti della AD in economia chiusa, cioè prescindendo dalla domanda verso beni esteri e di reddito estero per i nostri beni. Come primo passo ci limitiamo a questa semplificazione, escludendo quindi esportazioni e importazioni che saranno poi riprese nel capitolo sull' economia aperta. Possiamo ora raccogliere tutte le componenti della domanda in economia chiusa, aggregandole in una sola funzione che somma tutte le componenti relative ai consumi delle famiglie, agli investimenti delle imprese e alle scelte del governo, come segue:

$$AD = C + I + G$$

Questa è una formulazione implicita che rappresenta le tre componenti che ci interessano; per ottenere una formulazione esplicita, possiamo sostituire le forme funzionali esplicite delle tre componenti, che abbiamo definito nei precedenti paragrafi:

$$AD = C0 + C1(Y - T) + I0 + I1\,(Y) - I2\,(i) + G$$

Utilizzando la versione esogena delle funzioni di tasse e spesa pubblica, quindi valori fissi pari a $T = \bar{T}$ e $G = \bar{G}$, otteniamo:

$$AD = C0 + C1(Y - \bar{T}) + I0 + I1\,(Y) - I2\,(i) + \bar{G}$$

Ora, in questa formulazione sono presenti elementi che moltiplicano Y o i (variabili endogene) ed elementi che invece non li moltiplicano. Raccogliamo dunque gli addendi, separando le componenti che non dipendono da Y o i e il resto come segue:

$$AD = C0 + I0 - C1\bar{T} + \bar{G} + C1\,(Y) - I2\,(i)$$

Riportiamo questa funzione su un sistema di assi cartesiani, dove abbiamo all'asse delle ascisse il reddito Y e alle ordinate la domanda aggregata AD. Per ottenere questa funzione, sommiamo graficamente le funzioni che abbiamo disegnato nei precedenti paragrafi, come è riportato nella figura 2.6. La prima funzione inserita è quella dei consumi che dipende positivamente dal reddito e quindi presenta una inclinazione positiva. Uniamo poi quella della spesa pubblica che è esogena quindi determina solo uno spostamento parallelo verso l'alto della funzione. In ultimo aggiungiamo la funzione degli investimenti che, se rappresentata in funzione di Y, è anch'essa esogena e determina una traslazione parallela verso l'alto. Abbiamo così costruito la funzione di domanda aggregata in economia chiusa. Tale funzione identifica a sua volta una pendenza e una intercetta; quest'ultima si può trovare, come in precedenza, sostituendo nella funzione $Y = 0$. L'intercetta corrisponde anche alla componente autonoma della domanda aggregata, e cioè alla somma delle componenti che non dipendono da alcuna variabile endogena, che in questa rappresentazione è il reddito (perché è rappresentato all'asse delle ascisse). Se sostituiamo il valore del reddito pari a 0, otteniamo:

$$Intercetta = C0 + I0 - C1\bar{T} + \bar{G} - I2(i) \qquad \text{(Y=0)}$$

La pendenza è invece la somma dei parametri che moltiplicano Y:

$$Pendenza = C1Y + Y1Y - I2(i)$$

Ora che abbiamo costruito la domanda aggregata, possiamo facilmente studiare l'equilibrio nel mercato dei beni

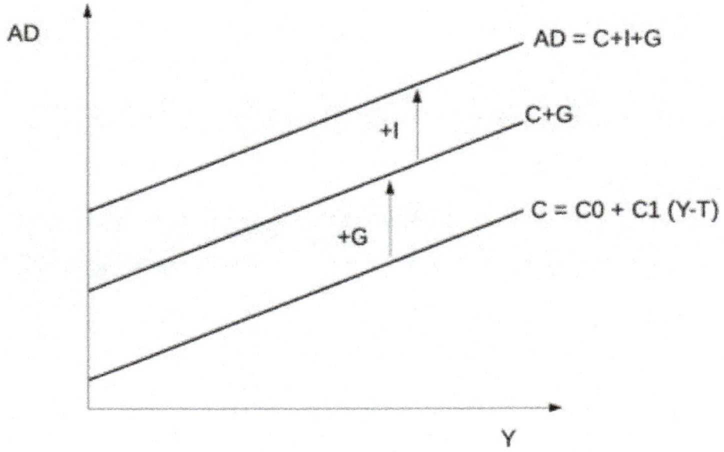

Figura 2.6: La costruzione della AD in economia chiusa

2.3 L'equilibrio nel mercato dei beni

Per ottenere l'equilibrio nel mercato dei beni, dobbiamo recuperare la condizione di equilibrio descritta all'inizio del capitolo:

$$Y = AD$$

Questa condizione identifica una situazione di equilibrio in cui tutte le componenti della domanda sono soddisfatte dalla produzione realizzata nel Paese, ma si tratta di una condizione espressa in forma implicita. Ora possiamo sostituire la forma esplicita della AD che abbiamo descritto nei precedenti paragrafi ed ottenere una relazione esplicita che lega il reddito prodotto alle singole componenti della domanda:

$$Y = C + I + G$$
$$Y = C0 + C1(Y - T) + I0 + I1(Y) - I2i + G$$

Risolvendo questa equazione in funzione di Y, e sostituendo tutti i valori dei parametri e delle variabili esogene (normalmente forniti dal testo dell'esercizio e nella realtà stimati tramite procedure statistiche), possiamo ottenere un valore teorico del reddito, detto di equilibrio, perché appunto realizza la condizione di equilibrio. Anzitutto, raccogliamo i termini che moltiplicano Y e spostiamoli a sinistra, poi separando Y dal resto, otteniamo la condizione di equilibrio nel mercato dei beni in forma esplicita:

$$Y - C1Y - I1Y = C0 - C1\bar{T} + \bar{G} + I0 - I2i$$
$$Y(1 - C1 - I1) = C0 - C1\bar{T} + \bar{G} + I0 - I2i$$
$$Y^* = \frac{1}{1 - C1 - I1}\left(C0 - C1\bar{T} + \bar{G} + I0 - I2i\right)$$

In questa relazione identifichiamo due componenti:

- La componente autonoma: $\left(C0 - C1\bar{T} + \bar{G} + I0 - I2i\right)$. Racchiude tutte le componenti esogene relative alle diverse funzioni prima identificate: qualsiasi variazione di ognuna di queste componenti in aumento o diminuzione, determina una variazione del reddito di equilibrio pari alla variazione per il moltiplicatore della politica fiscale.

- Il moltiplicatore della politica fiscale: $\frac{1}{1-C1-I1}$. Indica l'intensità dell'impatto di ognuna delle componenti autonome sul reddito di equilibrio. Qualsiasi variazione in aumento o diminuzione delle componenti autonome della domanda, fanno variare il reddito di equilibrio di un ammontare pari a tale variazione per il moltiplicatore.

Ad esempio, un aumento della G, corrispondente ad una politica fiscale espansiva, determina un effetto sul reddito di equilibrio pari a:

$$\Delta Y = \frac{1}{1 - C1 - I1}\Delta G$$

La lettera greca Δ indica una variazione della variabile che la segue, in questo caso Y. Vuol dire che se calcoliamo il reddito di equilibrio prima e dopo la variazione di G, quindi sostituendo prima G iniziale e poi quello dopo la politica, otterremo una riduzione del reddito pari a questo ammontare. Questa procedura vale per ognuna delle componenti identificate, ma con alcune attenzioni. Facciamo un altro esempio, se in seguito da una politica fiscale, il governo riduce le tasse, il reddito di equilibrio sarà ridotto in misura pari a:

$$\Delta Y = -\frac{1}{1 - C1 - I1}C1\Delta T$$

In questo caso dobbiamo ricordarci che le tasse entrano nella funzione con il meno e moltiplicano C1, quindi tutto questo va riportato nel calcolo della variazione.

Attenzione! Non esiste una formula fissa del moltiplicatore "buona" per ogni occasione. In questo caso abbiamo usato forme standard delle funzioni componenti la AD e quindi abbiamo ottenuto questa forma funzionale. Ma se le componenti della AD cambiano, anche il moltiplicatore potrebbe assumere una struttura diversa. In ogni caso, il moltiplicatore si ottiene dopo aver imposto la condizione di equilibrio

$Y = AD$, sostituito le componenti esplicite indicate nell'esercizio, raccolto in funzione di Y gli addendi che lo moltiplicano, e poi ridiviso per la componente autonoma.

2.3.1 L'equilibrio nel mercato dei beni: soluzione grafica

Descriviamo la costruzione grafica dell'equilibrio nel mercato dei beni in 5 passaggi:

1. Impostare un sistema di assi cartesiani in cui all'asse delle ascisse viene riportato il reddito e alle ordinate la AD.

2. Disegnare sul grafico la bisettrice: essa corrisponde a quella retta che divide il quadrante in parti uguali, ed identifica tutti quei punti che hanno coordinate di ascissa e ordinata uguali.

3. Lungo la bisettrice ci sono i punti tali per cui il reddito Y corrisponde al valore teorico AD di equilibrio.

4. Disegniamo nel quadrante la funzione AD prima ricavata, identificando precisamente intercetta e pendenza: questa funzione rappresenta la AD effettiva.

5. Nel punto in cui la AD effettiva incontra la bisettrice (in cui dunque Y=AD teorica), abbiamo che il reddito è esattamente uguale alla AD effettiva, quindi si realizza la condizione di equilibruio $Y = AD$.

In corrispondenza del punto E, possiamo tracciare una retta perpendicolare all'asse delle ascisse, ed identificare il valore teorico del reddito di equilibrio, $Y1^*$, come riportato in figura 2.7.

Ora visualizziamo nel grafico cosa accade in seguito ad una variazione di una componente della spesa autonoma in 6 passaggi:

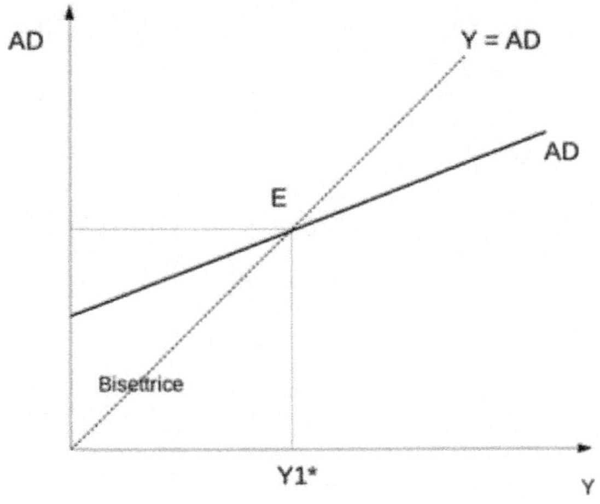

Figura 2.7: L'equilibrio nel mercato dei beni

1. Punto di partenza è il punto di equilibrio E1, corrispondente all'equilibrio prima della variazione.

2. Immaginiamo che aumenti una componente autonoma della AD: tale aumento determina uno spostamento della AD verso l'alto in misura pari all'aumento di tale componente.

3. Confrontiamo il punto E1, con la nuova AD dopo l'aumento (identificata con AD'): in E1, AD' è maggiore di Y, perché il valore di Y non è cambiato mentre quello di AD è aumentato.

4. Il reddito deve aumentare e quindi la produzione per soddisfare l'aumentata domanda: si verifica un aggiustamento fino al nuovo equilibrio E2.

5. Il nuovo reddito di equilibrio è Y2: la maggiore domanda aggregata causata da un aumento della sua componente autonoma, ha determinato un aumento del reddito di equilibrio.

6. L'aumento del reddito di equilibrio, identificato nel grafico 2.8 dalla distanza $|Y1 - Y2|$, è minore dell'aumento della componente autonoma iniziale: questo avviene per effetto del moltiplicatore.

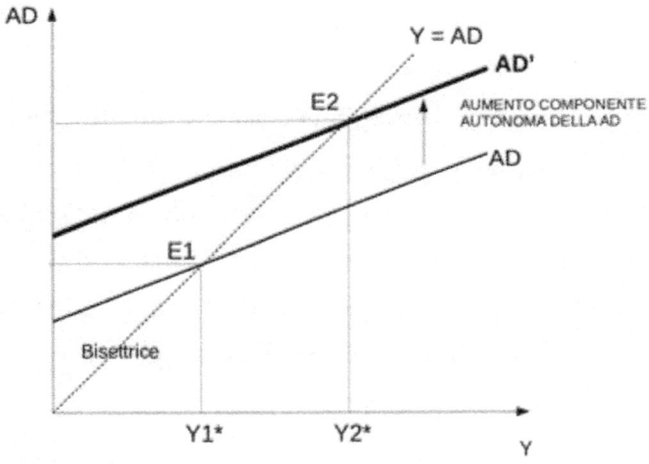

Figura 2.8: L'equilibrio nel mercato dei beni: aumento della componente autonoma della AD

2.3.2 La costruzione della IS

Abbiamo ottenuto nel precedente paragrafo la costruzione dell'equilibrio nel mercato dei beni, sia matematicamente che graficamente. In questo paragrafo dobbiamo semplicemente riscrivere l'equilibrio prima identificato, in un nuovo sistema di assi cartesiani e precisamente in un sistema in cui il reddito resta all'asse delle ascisse, mentre alle ordinate mettiamo il tasso di interesse. Per costruire la funzione IS, consideriamo il diagramma $Y = AD$ studiato e partiamo da un equilibrio $E1$, con reddito pari a $Y1$ e un tasso di interesse $i1$ che in questo diagramma è esogeno. Proviamo a disegnare questo punto di coordinate $(Y1, i1$ nel diagramma che si trova sotto al nostro, in Figura 2.9: il reddito viene disegnato sulla stessa retta, visto che nel diagramma in basso Y è comunque all'asse delle ascisse. Il tasso di interesse invece è qui endogeno, appare sull'asse delle ordinate, quindi dobbiamo riportarne il valore $i1$ sull'asse. Immaginiamo ora una riduzione del tasso di interesse che assume un valore $i2 < i1$. In seguito a tale riduzione, la funzione di domanda aggregata si sposta in alto e diventa $AD2$, perché il minore tasso di interesse stimola gli investimenti, stimolando quindi la domanda aggregata e determinando un nuovo equilibrio $E2$ con un maggiore livello del reddito di equilibrio $Y2$. Riportiamo ora questo nuovo livello del reddito di equilibrio nel diagramma in basso: il livello del reddito di equilibrio è $Y2$, il tasso di interesse associato a questo livello del reddito è $i2$ che è minore di $i1$ quindi dobbiamo segnare il punto $E2$ in corrispondenza di un valore minore del tasso di interesse. Congiungendo i due punti (e ipotizzando per semplicità una funzione lineare) possiamo disegnare una retta negativamente inclinata che rappresenta tutti gli equilibri nel mercato dei beni possibili, ognuno identificato da un punto sulla IS.

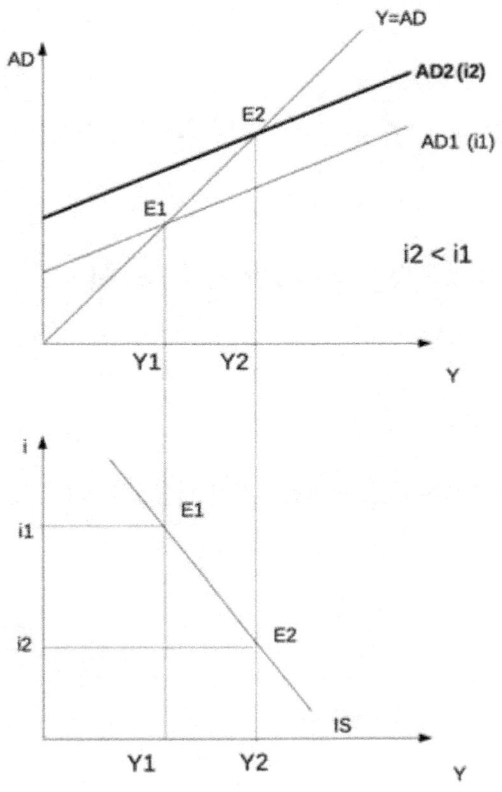

Figura 2.9: La costruzione della IS

Cosa accade alla funzione IS se il Governo effettua una politica fiscale espansiva o restrittiva? Ricordiamo innanzitutto a cosa corrispondono questi due casi:

- *Politica fiscale espansiva*: aumento della spesa pubblica, riduzione delle tasse, riduzione dell'aliquota fiscale, aumento dei trasferimenti

- *Politica fiscale restrittiva*: riduzione della spesa pubblica, aumento delle tasse, aumento dell'aliquota fiscale, riduzione dei trasferimenti

Effetti delle politiche fiscali sulla IS:

- Nel caso di una politica fiscale espansiva, la curva IS si sposta in alto a destra (Figura 2.10, pannello a)): a parità di tasso di interesse $i1$, il reddito è maggiore ($Y2 > Y1$) ovvero a parità di reddito $Y1$, avremo un tasso di interesse di equilibrio maggiore ($i2 > i1$).

- Nel caso di una politica fiscale restrittiva, la curva IS si sposta in basso a destra (IS3) (Figura 2.10, pannello b)): a parità di tasso di interesse $i1$, il reddito è minore ($Y3 < Y1$) ovvero a parità di reddito $Y3$, avremo un tasso di interesse di equilibrio minore, $i1 < i3$.

In generale, non possiamo sapere il valore di equilibrio di reddito e tasso di interesse di equilibrio economico generale: per avere questi valori dovremo mettere insieme l'equilibrio del mercato dei beni sintetizzato dalla IS con l'equilibrio del mercato della moneta che studieremo nel prossimo capitolo.

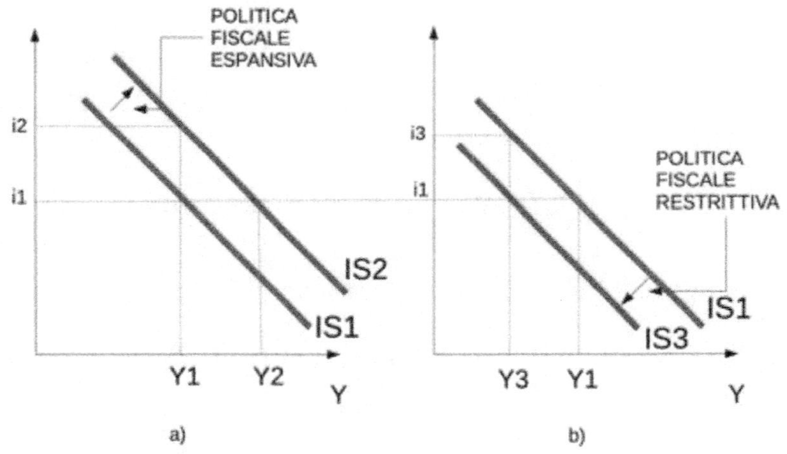

Figura 2.10: L'effetto di politiche fiscali espansive e restrittive sulla IS

2.4 Il mercato dei beni: esercizi

2.4.1 Esercizio 1

Si supponga una sistema economico semplificato in cui non esiste il settore pubblico. Le equazioni che caratterizzano tale sistema sono:

$$C = 50 + 0.5Y \qquad \text{Funzione del consumo} \tag{2.1}$$

$$I = 100 \qquad \text{Funzione dell'investimento} \tag{2.2}$$

$$Y \qquad \text{Reddito} \tag{2.3}$$

1. Calcolare il valore del reddito di equilibrio.
2. Quale valore assume il moltiplicatore della spesa autonoma?
3. Calcolare i valore di equilibrio del risparmio.
4. Calcolare il valore del reddito di equilibrio in corrispondenza di un aumento della componente autonoma del consumo pari a 50.
5. Quale valore assume il moltiplicatore della spesa autonoma dopo questa variazione?
6. Rappresentare in un grafico i due equilibri del mercato dei beni, prima e dopo la variazione della componente autonoma dei consumi.
7. Nel caso in cui ci sia una variazione della propensione marginale al consumo, che da 0.5 assume il valore 0.8, come cambia la funzione del consumo originale? (Equazione 2.1)
8. Calcolare il valore del reddito di equilibrio con la nuova funzione del consumo.

9. Quale valore assume in questo caso il moltiplicatore della spesa autonoma?

10. Verificare l'effetto di un aumento della componente autonoma del consumo, pari a 50, nella nuova situazione. Il reddito aumenta più o meno che nel caso precedente?

11. Disegnare un grafico in cui si confronta la variazione della componente autonoma dei consumi, prima e dopo la variazione della propensione marginale al consumo.

Soluzione

1. Per calcolare il valore del reddito di equilibrio dobbiamo utilizzare la condizione di equilibrio che corrisponde a $Y = AD$. Per fare questo, dobbiamo ricavare dalle equazioni fornite nell'esercizio il valore di AD come segue:

$$\begin{aligned}AD &= C + I\\ AD &= 50 + 0.5Y + 100\\ AD &= 150 + 0.5Y\end{aligned}$$

Una volta ottenuta la AD, possiamo utilizzare la condizione di equilibrio:

$$\begin{aligned}Y &= AD\\ Y &= 150 + 0.5Y\\ Y - 0.5Y &= 150\\ 0.5Y &= 150\\ \frac{\cancel{0.5}}{\cancel{0.5}}Y &= \frac{1}{0.5}150\\ Y &= 2 \cdot 150 = 300\end{aligned}$$

Il valore del reddito di equilibrio è 300.

2. Il valore del moltiplicatore è pari a 2.

3. Il risparmio si trova utilizzando la seguente identità (nel caso semplificato di questa economia): $Y = C + S$; possiamo ottenerlo sostituendo il valore di equilibrio del reddito, identificato nella precedente equazione ($Y = 300$), nella relazione che identifica il risparmio come segue:

$$Y = C + S \Rightarrow$$
$$S = Y - C$$
$$S = Y - 50 - 0.5Y$$
$$S = 0.5Y - 50$$
$$S = 0.5 \cdot 300 - 50 = 150 - 50 = 100$$

Il valore del risparmio è quindi 100.

4. Se si verifica un aumento della componente autonoma del consumo pari a 50, questo vuol dire che la funzione del consumo cambia e diventa:

$$C' = 100 + 0.5Y \qquad \text{Nuova funzione del consumo}$$

Per ottenere il nuovo livello di equilibrio del reddito possiamo replicare tutti i calcoli precedenti con la nuova funzione del consumo come segue:

$$\begin{aligned}
AD &= C' + I \\
AD &= 100 + 0.5Y + 100 \\
AD &= 200 + 0.5Y \\
Y &= AD = 200 + 0.5Y \\
Y &= 200 + 0.5Y \\
Y - 0.5Y &= 200 \\
\frac{0.5}{0.5}Y &= \frac{1}{0.5}200 \\
\frac{\cancel{0.5}}{\cancel{0.5}}Y &= 2 \cdot 200 = 400
\end{aligned}$$

Il valore del reddito è aumentato di 100 in seguito all'aumento della componente autonoma dei consumi. Possiamo verificare che è possibile ottenere il risultato anche seguendo la seguente formula (in cui Δ indica la variazione di una variabile da un anno al seguente):

$$\begin{aligned}
\Delta Y &= moltiplicatore \cdot \Delta C \\
\Delta Y &= 2 \cdot 50 \\
\Delta Y &= 100 \\
Y' &= Y + \Delta Y = 300 + 100 = 400
\end{aligned}$$

Attenzione! Questa metodologia è delicata perché bisogna fare attenzione al valore del moltiplicatore che cambia forma a seconda della forma funzionale delle componenti della domanda aggregata.

5. Il moltiplicatore della spesa autonoma non varia perché non sono variate le componenti della domanda aggregata che dipendono dal reddito e quindi, non sono variati i parametri che influenzano il moltiplicatore.

6. Nel grafico, la funzione di domanda aggregata prima della variazione è AD. L'equilibrio del mercato dei beni corrisponde all'intersezione tra la AD e la bisettrice, e in corrispondenza si identifica un valore del reddito di equilibrio (sull'asse delle ascisse) pari a Y^*. L'aumento della componente del consumo autonomo fa traslare parallelamente la AD dato che la propensione marginale al consumo non è cambiata, e quindi non cambia la pendenza della AD. La nuova AD sarà la AD' che interseca la bisettrice nel nuovo punto di equilibrio E' e identifica sull'asse delle ascisse il nuovo punto di equilibrio del reddito $Y^{*'}$.

7. In seguito all'aumento della propensione marginale al consumo, la nuova funzione del consumo diventa:

$$C'' = 50 + 0.8Y \qquad \text{Nuova funzione del consumo}$$

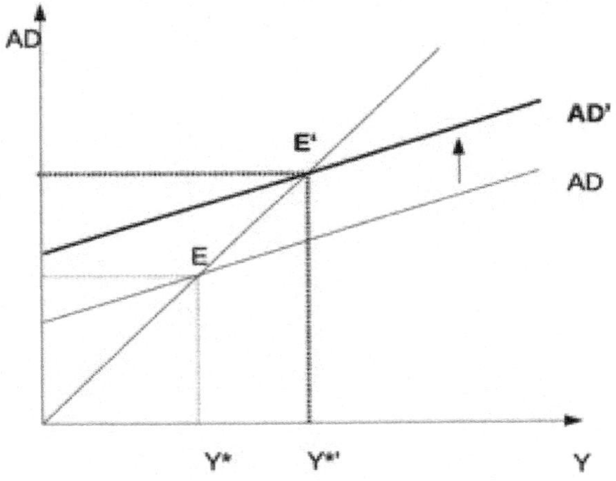

Figura 2.11: Aumento della componente autonoma dei consumi $\bar{C}$

8. Il nuovo valore del reddito di equilibrio si calcola esattamente come nel caso precedente, usando la condizione di equilibrio $Y = AD$.

$$
\begin{aligned}
AD &= C'' + I \\
AD &= 50 + 0.8Y + 100 \\
AD &= 150 + 0.8Y \\
Y &= AD = 150 + 0.8Y \\
Y &= 150 + 0.8Y \\
Y - 0.8Y &= 150 \\
0.2Y &= 150 \\
\frac{\cancel{0.2}}{\cancel{0.2}}Y &= \frac{1}{0.2}150 \\
Y &= 5 \cdot 150 = 750
\end{aligned}
$$

9. Nel caso del nuovo equilibrio, con aumento della propensione marginale al consumo, il moltiplicatore è pari a 5.

10. Nel caso in cui aumenti la componente autonoma del consumo, dobbiamo aggiornare la funzione del consumo che diventa:

$$C''' = 100 + 0.8Y \qquad \text{Nuova funzione del consumo}$$

Con la nuova funzione del consumo possiamo ricalcolare il nuovo valore del reddito di equilibrio e del moltiplicatore:

$$
\begin{aligned}
AD &= C''' + I \\
AD &= 100 + 0.8Y + 100 \\
AD &= 200 + 0.8Y \\
Y &= AD = 200 + 0.8Y \\
Y &= 200 + 0.8Y \\
Y - 0.8Y &= 200 \\
\frac{\cancel{0.2}}{\cancel{0.2}}Y &= \frac{1}{0.2}200 = 5 \cdot 200 = 1000
\end{aligned}
$$

Il reddito passa da un valore di 750 ad un valore di 1000. L'aumento del reddito conseguente ad un aumento della componente autonoma dei consumi è pari a 250 e cioè equivalente ad un aumento di 50 della componente autonoma del consumo, per il moltiplicatore che ora è pari a 5. Nel caso precedente era pari a 100. Questo maggiore aumento del reddito è dovuto al maggiore valore della propensione marginale al consumo che fa aumentare il moltiplicatore. Intuitivamente, questo effetto è dovuto al fatto che in corrispondenza di maggiore domanda aggregata, i consumatori dedicheranno una maggiore percentuale del loro reddito al consumo, generando un effetto a catena maggiore.

11. Nel grafico in cui si confronta la variazione della componente autonoma dei consumi prima e dopo la variazione della propensione marginale al consumo, vediamo come la variazione del reddito di equilibrio causata dall'aumento di $\bar{C}$ è maggiore nel caso in cui la propensione marginale al consumo è aumentata, corrispondendo al passaggio da Y^2 a Y^3.

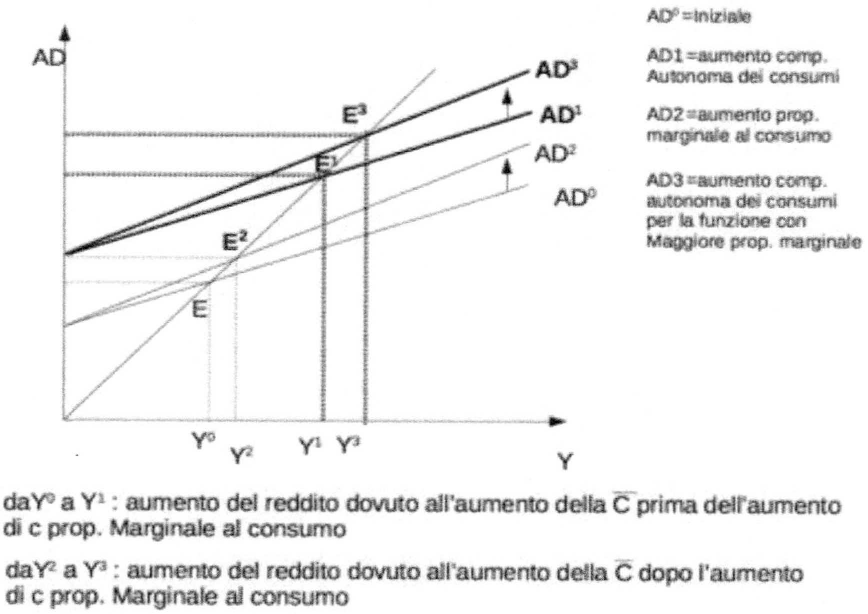

Figura 2.12: Variazione $\bar{C}$ prima e dopo la variazione della propensione marginale al consumo

2.4.2 Esercizio 2

Si supponga una sistema economico in cui esiste il settore pubblico. Le equazioni che caratterizzano tale sistema sono:

$C = 250 + 0.75YD$	Funzione del consumo	(2.4)
$YD = Y - T + TR$	Reddito disponibile	(2.5)
$G = 175$	Spesa pubblica	(2.6)
$TR = 100$	Trasferimenti	(2.7)
$T = t \cdot Y$	Tasse	(2.8)
$t = 0.25$	Aliquota d'imposta	(2.9)

1. Calcolare il valore del reddito di equilibrio. Calcolare il valore del moltiplicatore.

2. Ipotizzare che l'aliquota di imposta vari e diventi $t = 0$. Calcolare il valore del reddito di equilibrio in questo caso. Quale è il valore del moltiplicatore?

3. Ipotizzare che la funzione delle tasse cambi e diventi $T = \bar{T} = 50$. Calcolare il valore del reddito di equilibrio in questo caso. Quale è il valore del moltiplicatore?

4. Calcolare il valore del bilancio dello Stato corrispondente ai tre casi precedenti. Commentare i risultati ottenuti.

5. Considerando una funzione delle tasse non dipendente dal reddito, $T = \bar{T}$, quale valore della imposizione fiscale permetterebbe di ottenere il pareggio di bilancio? Quale sarebbe il reddito di equilibrio in questo caso?

Soluzione

1. Per calcolare il reddito di equilibrio dobbiamo trovare la funzione di domanda aggregata, successivamente imporre la condizione di equilibrio $Y = AD$, per poi risolvere per il valore del reddito Y, come segue:

$$
\begin{aligned}
AD &= C + G \\
AD &= 250 + 0.75(Y - T + TR) + 175 \\
AD &= 425 + 0.75(Y - 0.25Y + 100) \\
AD &= 425 + 0.75(0.75Y + 100) \\
Y = AD &= 425 + 0.5625Y + 75 \\
Y &= 500 + 0.5625Y \\
Y - 0.5625Y &= 500 \\
0.4375Y &= 500 \\
\frac{0.4375}{0.4375}Y &= \frac{1}{0.4375}500 \\
\frac{\cancel{0.4375}}{\cancel{0.4375}}Y &= \frac{1}{0.4375}500 = 2.2857 \cdot 500 = 1142.86
\end{aligned}
$$

Il reddito trovato è pari a 1142.86, mentre il moltiplicatore è pari a 2.2857. La formula del moltiplicatore, in questo caso, è: $\frac{1}{1-c(1-t)} = \frac{1}{1-0.75(1-0.25)} = 2.2857$.

2. Nel caso di aliquota di imposta $t = 0$, dobbiamo sostituire questo valore nella funzione del consumo e ripetere la procedura vista nel precedente punto. La funzione del consumo perde la componente legata alle tasse perché l'aliquota

di imposta è zero.

$$AD = C + G$$
$$AD = 250 + 0.75(Y - T + TR) + 175$$
$$AD = 425 + 0.75(Y - \cancel{0 * Y} + 100)$$
$$AD = 425 + 0.75(Y + 100)$$
$$AD = 425 + 0.75(Y + 100)$$
$$Y = AD = 425 + 0.75Y + 75$$
$$Y = 500 + 0.75Y$$
$$Y - 0.75Y = 500$$
$$0.25Y = 500$$
$$\frac{0.25}{0.25}Y = \frac{1}{0.25}500$$
$$\frac{\cancel{0.25}}{\cancel{0.25}}Y = \frac{1}{0.25}500 = 4 \cdot 500 = 2000$$

Il reddito di equilibrio è pari a 2000, maggiore che nel caso precedente: tutto il reddito disponibile viene consumato perché non ci sono tasse che ne riducono l'entità e quindi l'effetto moltiplicativo è maggiore. Infatti, il moltiplicatore che prima era pari a 2.2857 ora vale 4, proprio per effetto della scomparsa dell'aliquota di imposta che ne riduceva il valore. La formula del moltiplicatore, in questo caso, è: $\frac{1}{(1-c)} = \frac{1}{0.25} = 4$.

3. In questa circostanza dobbiamo sostituire la funzione delle tasse $T = \bar{T} = 50$ nella funzione del consumo e replicare i nostri passaggi abituali:

$$
\begin{aligned}
AD &= C + G \\
AD &= 250 + 0.75(Y - T + TR) + 175 \\
AD &= 425 + 0.75(Y - \bar{T} + 100) \\
AD &= 425 + 0.75(Y - 50 + 100) \\
AD &= 425 + 0.75(Y + 50) \\
AD &= 425 + 0.75(Y + 50) \\
Y = AD &= 425 + 0.75Y + 37.5 \\
Y &= 462.5 + 0.75Y \\
Y - 0.75Y &= 462.5 \\
0.25Y &= 462.5 \\
\frac{0.25}{0.25}Y &= \frac{1}{0.25}462.5 \\
\frac{\cancel{0.25}}{\cancel{0.25}}Y &= \frac{1}{0.25}462.5 = 4 \cdot 462.5 = 1850
\end{aligned}
$$

Il reddito di equilibrio è pari a 1850, minore del caso con tasse pari a zero ma maggiore del caso con tasse proporzionali al reddito. In questo caso le tasse sono un ammontare fisso che non aumenta in seguito ad un aumento del reddito come nel caso precedente, quindi l'effetto moltiplicativo è maggiore.

4. Calcoliamo il bilancio dello Stato nei tre casi, per reddito pari a 1142.85, 2000

e 1850:

$$
\begin{aligned}
BS &= T - TR - G \\
&= t \cdot Y - 100 - 175 = 0.25 \cdot 1142.8 - 100 - 175 = 10.7 && \text{(Caso 1)} \\
&= t \cdot Y - 100 - 175 = 0 \cdot 2000 - 100 - 175 = -275 && \text{(Caso 2)} \\
&= \bar{T} - 100 - 175 = 50 - 100 - 175 = -225 && \text{(Caso 3)}
\end{aligned}
$$

Nel primo caso il gettito di imposta è sufficiente a coprire le spese: lo Stato presenta un avanzo di bilancio pari a 10.7. Nel secondo caso, il bilancio è in disavanzo non essendoci entrate fiscali. Nel terzo caso, il disavanzo è minore perché le tasse sono positive ma non è in grado di coprire i costi, pertanto si presenta comunque negativo.

5. Considerando una funzione delle tasse non dipendente dal reddito, per ottenere il valore della tassazione che permette il bilancio in pareggio dobbiamo utilizzare l'equazione che indica il bilancio dello Stato e risolverla imponendo il bilancio pari a zero (con un valore della tassazione incognito), come segue:

$$
\begin{aligned}
BS &= T - TR - G \\
BS &= \bar{T} - 100 - 175 \\
BS &= \bar{T} - 275 = 0 \rightarrow \bar{T} = 275
\end{aligned}
$$

Per un valore delle tasse pari a $\bar{T} = 275$, il reddito di equilibrio diventa:

$$
\begin{aligned}
AD &= C + G \\
AD &= 250 + 0.75(Y - T + TR) + 175 \\
AD &= 425 + 0.75(Y - \bar{T} + 100) \\
AD &= 425 + 0.75(Y - 275 + 100) \\
AD &= 425 + 0.75(Y - 175) \\
AD &= 425 + 0.75(Y - 175) \\
Y &= AD = 425 + 0.75Y - 131.25 \\
Y &= 293.75 + 0.75Y \\
Y - 0.75Y &= 293.75 \\
0.25Y &= 293.75 \\
\frac{0.25}{0.25} &= \frac{1}{0.25}293.75 \\
\frac{\cancel{0.25}}{\cancel{0.25}}Y &= \frac{1}{0.25}\,293.75 = 4 \cdot 293.75 = 1175
\end{aligned}
$$

Per ottenere il bilancio in pareggio le tasse sono aumentate, riducendo però il valore del reddito di equilibrio in relazione alla diminuita componente autonoma.

2.4.3 Esercizio 3

Supponete che un'economia sia rappresentata dalle seguenti equazioni:

$C = 100 + 0.5YD$	Funzione del consumo	(2.10)
$I = 1000$	Funzione dell'investimento	(2.11)
$G = 300$	Spesa pubblica	(2.12)
$T = 200 + 0.3Y$	Tasse	(2.13)
$YD = Y - T$	Reddito disponibile	(2.14)

1. Calcolare il livello di equilibrio del reddito (Y) ed il valore del moltiplicatore.

2. Calcolare il consumo (C) e le tasse di equilibrio (T).

3. Suppondendo che la spesa pubblica aumenti e diventi $G = 950$, calcolare il nuovo reddito di equilibrio (Y).

4. Costruire un grafico AD-Y indicando le funzioni di domanda aggregata, i punti di equilibrio del mercato dei beni e i valori di reddito di equilibrio prima e dopo la politica implementata al punto precedente.

Soluzione

1. Per calcolare il livello di equilibrio del reddito è necessario, innanzitutto calcolare la domanda aggregata e poi applicare la condizione di equilibrio del mercato

dei beni:

$$
\begin{aligned}
AD &= C + I + G \\
AD &= 100 + 0.5(Y - T) + 1000 + 300 \\
AD &= 100 + 0.5(Y - 200 - 0.3Y) + 1000 + 300 \\
AD &= 1400 + 0.5(0.7Y - 200) \\
AD &= 1400 + 0.35Y - 100 \\
AD &= 1300 + 0.35Y \\
Y = AD &= 1300 + 0.35Y \\
Y - 0.35Y &= 1300 \\
0.65Y &= 1300 \\
Y &= \frac{1}{0.65}1300 = 2000.
\end{aligned}
$$

Il reddito di equilibrio vale $Y = 2000$ e il moltiplicatore è pari a $\frac{1}{0.65} = 1.5385$.

2. Il valore del consumo di equilibrio si trova sostituendo nella funzione del consumo, il valore trovato del reddito di equilibrio (Y):

$$
\begin{aligned}
C &= 100 + 0.5(Y - 200 - 0.3Y) \\
C &= 100 + 0.5(0.7Y - 200) \\
C &= 100 + 0.35 \cdot Y - 100 = 700 \\
C &= 100 + 0.35 \cdot 2000 - 100 = 700
\end{aligned}
$$

Le tasse di equilibrio si trovano analogamente, sostituendo il valore del reddito di equilibrio nella espressione della T:

$$T = 200 + 0.3Y$$
$$T = 200 + 0.3 \cdot 2000 = 800$$

3. Nel caso in cui la spesa pubblica aumenti e raggiunga un valore pari a $G = 950$, per calcolare il nuovo livello di reddito possiamo sostituire il nuovo valore nella AD e ripetere la procedura. Altra strada percorribile consiste nel prendere la funzione di domanda aggregata (AD) e aumentare la componente autonoma di un ammontare pari all'aumento della spesa pubblica, in questo caso $\triangle G = +650$, dato che la G è passata da 300 a 950, come segue:

$$AD = 1300 + 0.35Y \qquad \text{Vecchia AD}$$
$$AD = 1950 + 0.35Y \qquad \text{Nuova AD}$$

poi imponiamo la condizione di equilibrio:

$$Y = AD = 1950 + 0.35Y$$
$$Y - 0.35Y = 1950$$
$$0.65Y = 1950$$
$$Y = \frac{1}{0.65}1950 = 3000.$$

Il nuovo livello del reddito di equilibrio è 3000.

4. Di seguito il grafico relativo all'equilibrio nel mercato dei beni prima e dopo la politica fiscale espansiva: il primo equilibrio corrisponde a E1, con un reddito $Y = 2000$. Dopo la politica fiscale, la AD si sposta in alto parallelamente di un ammontare pari all'aumento della G: il nuovo equilibrio del mercato dei beni si identifica nell'intersezione tra nuova AD (AD') e bisettrice, il punto E2. Il nuovo reddito di equilibrio è $Y = 3000$.

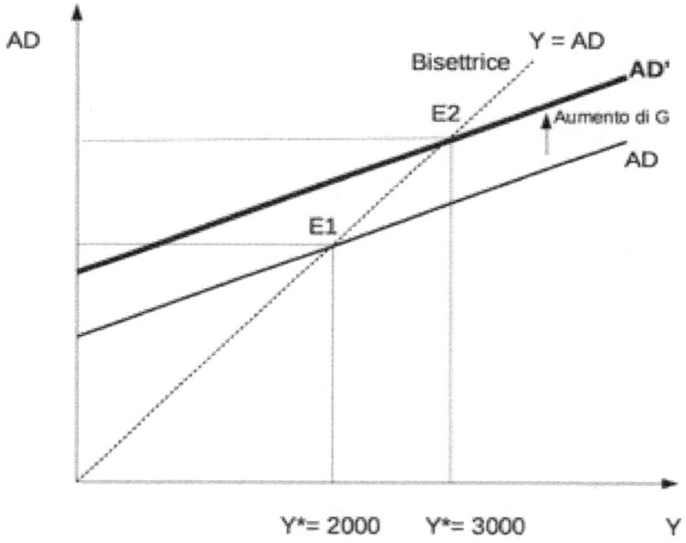

Figura 2.13: Equilibrio del mercato dei beni: politica fiscale espansiva

2.4.4 Esercizio 4

Supponete che un'economia sia rappresentata dalle seguenti equazioni:

$$C = 300 + 0.4YD \qquad \text{Funzione del consumo} \qquad (2.15)$$

$$I = 500 \qquad \text{Funzione dell'investimento} \qquad (2.16)$$

$$G = 1200 \qquad \text{Spesa pubblica} \qquad (2.17)$$

$$T = 200 + 0.1Y \qquad \text{Tasse} \qquad (2.18)$$

$$YD = Y - T \qquad \text{Reddito disponibile} \qquad (2.19)$$

1. Calcolare il livello di equilibrio del reddito (Y) ed il valore del moltiplicatore.

2. Calcolare il consumo (C) e le tasse di equilibrio (T).

3. Supponendo che la spesa pubblica diminuisca e diventi $G = 800$, calcolare il nuovo reddito di equilibrio (Y).

4. Costruire un grafico AD-Y indicando le funzioni di domanda aggregata, i punti di equilibrio del mercato dei beni e i valori di reddito di equilibrio prima e dopo la politica implementata al punto precedente.

Soluzione

1. Per calcolare il livello di equilibrio del reddito è necessario, innanzitutto calcolare la domanda aggregata e poi applicare la condizione di equilibrio del mercato

dei beni:

$$
\begin{aligned}
AD &= C + I + G \\
AD &= 300 + 0.4(Y - T) + 500 + 1200 \\
AD &= 2000 + 0.4(Y - 200 - 0.1Y) \\
AD &= 2000 + 0.4(0.9Y - 200) \\
AD &= 2000 + 0.36Y - 80 \\
AD &= 1920 + 0.36Y \\
Y = AD &= 1920 + 0.36Y \\
Y - 0.36Y &= 1920 \\
0.64Y &= 1920 \\
Y &= \frac{1}{0.64} 1920 = 3000
\end{aligned}
$$

Il reddito di equilibrio vale $Y = 3000$ e il moltiplicatore è pari a $\frac{1}{0.64} = 1.5625$.

2. Il valore del consumo di equilibrio si trova sostituendo nella funzione del consumo, il valore trovato del reddito di equilibrio (Y):

$$
\begin{aligned}
C &= 300 + 0.4(Y - 200 - 0.1Y) \\
C &= 300 + 0.4(0.9Y - 200) \\
C &= 300 + 0.36Y - 80 \\
C &= 220 + 0.36 \cdot 3000 \\
C &= 220 + 1080 = 1300
\end{aligned}
$$

Le tasse di equilibrio si trovano analogamente, sostituendo il valore del reddito di equilibrio nella espressione delle tasse T:

$$T = 200 + 0.1Y$$
$$T = 200 + 0.1 \cdot 3000 = 500$$

3. Nel caso in cui la spesa pubblica dimuisca e raggiunga un valore pari a $G = 800$, per calcolare il nuovo livello di reddito possiamo sostituire il nuovo valore nella AD e ripetere la procedura. Altra strada percorribile consiste nel prendere la funzione di domanda aggregata (AD) e ridurre la componente autonoma di un ammontare pari alla riduzione della spesa pubblica, in questo caso $\Delta G = -400$, dato che la G è passata da 1200 a 800, come segue:

$$AD = 1920 + 0.36Y \qquad \text{Vecchia AD}$$
$$AD = 1520 + 0.36Y \qquad \text{Nuova AD}$$

poi imponiamo la condizione di equilibrio:

$$Y = AD = 1520 + 0.36Y$$
$$Y - 0.36Y = 1520$$
$$0.64Y = 1520$$
$$Y = \frac{1}{0.64}1520 = 2375.$$

Il nuovo livello del reddito di equilibrio è 2375.

4. Di seguito il grafico relativo all'equilibrio nel mercato dei beni prima e dopo la Politica fiscale restrittiva: il primo equilibrio corrisponde a E1, con un reddito di 3000. Dopo la politica fiscale, la AD si sposta in basso parallelamente di un

ammontare pari alla riduzione della G: il nuovo equilibrio del mercato dei beni si identifica nell'intersezione tra nuova AD (AD') e bisettrice, il punto E2. Il nuovo reddito di equilibrio è $Y = 2375$.

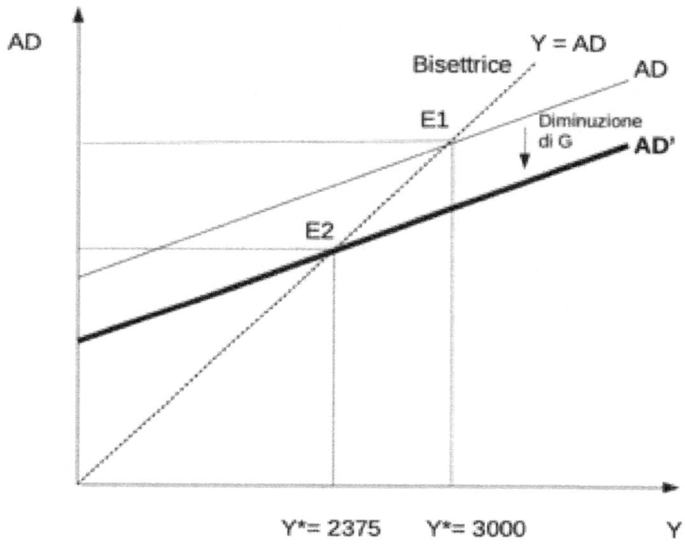

Figura 2.14: Equilibrio del mercato dei beni, politica fiscale restrittiva

Capitolo 3

Il mercato della moneta

3.1 Il mercato della moneta: teoria

3.1.1 Domanda di moneta

- **Risparmio**: reddito non speso
- **Allocazione del risparmio** (o della ricchezza o del portafoglio): scelta di come 'allocare' , cioè di ripartire tra attività alternative, in maniera ottimale il proprio risparmio. Ci sono due opzioni:

  Moneta :

  - strumento di pagamento che si usa come scambio nelle transazioni
  - non paga interessi

  Titoli :

  - non si possono usare come scambio nelle transazioni
  - pagano interessi

DEFINIZIONE **15.** *Domanda di moneta: quota del mio risparmio che decido di detenere in forma di moneta. La domanda di moneta dipende dal numero di transazioni che devo effettuare e dal tasso di interesse sui titoli.*

- **Numero di transazioni**: le transazioni comportano dei costi di gestione (costi di ritiro al bancomat, costo del conto corrente etc.). Maggiore è il numero di transazioni che prevedo di effettuare, maggiore sarà la quantità di risparmio che voglio detenere in forma di moneta e quindi maggiore sarà la domanda di moneta. Le transazioni non possono essere misurate con precisione, quindi si usa il reddito nominale come approssimazione della misura di queste ultime. Pertanto, maggiore è il reddito nominale (Y^n), maggiore sarà la domanda di moneta. L'intuizione è che più sono ricco, maggiore sarà la quantità di acquisti che voglio effettuare.

- **Tasso di interesse sui titoli**: costituisce il rendimento sui titoli. Il titolo è un contratto con cui mi impegno a cedere l'uso di una somma di denaro di mia proprietà in cambio di una somma di denaro che mi verrà liquidata alla fine del periodo. Tale somma, definita interesse, si esprime in percentuale sul totale del valore del titolo e viene normalmente indicata con i. Maggiore è il tasso di interesse offerto sul titolo, maggiore sarà il guadagno che otterrò alla fine del periodo in corrispondenza della somma che ho rinunciato ad utilizzare.

3.1.2 Legame tra titoli e domanda di moneta

Il risparmio (W) viene allocato tra titoli e moneta. La ripartizione del risparmio varia sulla base delle seguenti casistiche (figura 3.1):

- **Caso b)** Se aumenta il numero di transazioni che mi aspetto di fare, aumenterà la quota di W che desidero detenere in moneta invece che in titoli: aumenta la domanda di moneta (MD) a scapito della domanda di titoli (BD).

- **Caso c)** Se aumenta il tasso di interesse sui titoli, aumenterò la quota di W che desidero detenere in forma di titoli invece che di moneta, perché questo mi garantirà un maggiore guadagno alla fine del periodo in cui scade il contratto del titoli ed ottengo il mio guadagno. La maggiore domanda di titoli corrisponde ad una minore domanda di moneta.

  Schematizzando:

  - se $i \uparrow$ allora BD $\uparrow$ MD $\downarrow$: scelgo di detenere meno moneta perché i titoli valgono di più.
  - se $i \downarrow$ allora BD $\downarrow$ MD $\uparrow$: scelgo di detenere più moneta perché i titoli valgono di meno.

In generale, se varia l'allocazione desiderata della propria ricchezza tra titoli e moneta, senza che cambi la ricchezza totale a disposizione, si avrà una diversa composizione tra MD e BD.

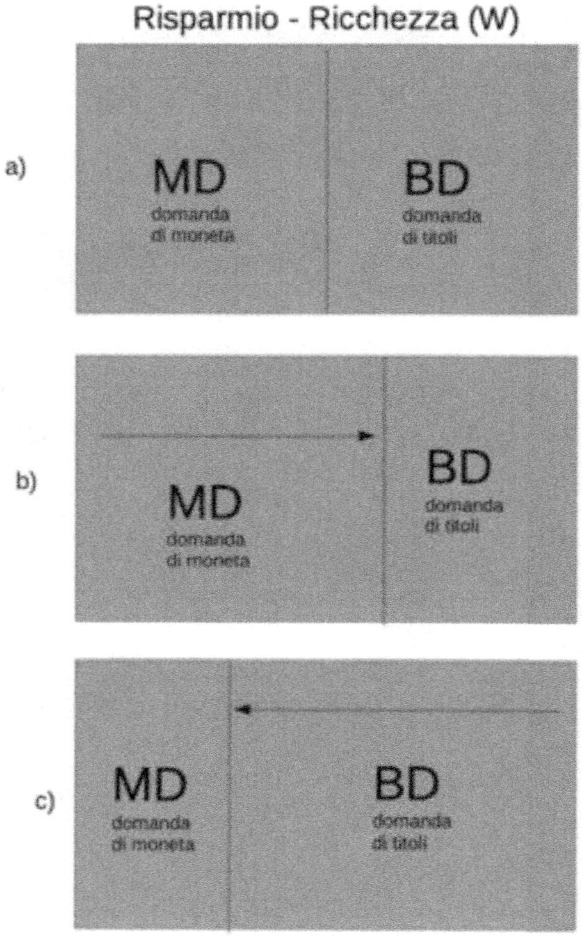

Figura 3.1: Allocazione della ricchezza tra titoli e moneta

La domanda di moneta in formule

Denotando con Y^n il reddito nominale e con $L(i)$ la domanda di liquidità (moneta in forma liquida) è possibile esprimere la formula della domanda di moneta come:

$$MD = Y^n \; L(i)$$
$$(+)\;(-)$$

- Il (+) sotto il simbolo di Y^n indica il legame positivo tra reddito nominale e domanda di moneta: maggiore il reddito, maggiore la ricchezza, maggiore il numero di transazioni previste, maggiore la domanda di moneta desiderata.
- Il (-) sotto il simbolo $L(i)$ indica il legame negativo che esiste tra la domanda di moneta e il tasso di interesse; la variabile L indica liquidità e cioè quella parte di ricchezza che voglio detenere in forma di moneta 'liquida' e cioè utilizzabile per le transazioni.

Possiamo visualizzare la funzione di domanda di moneta nella figura 3.2: sull'asse delle ascisse troviamo la moneta (MD), mentre le ordinate identificano il tasso di interesse (i). La pendenza negativa della funzione esprime il legame che esiste tra tasso di interesse e domanda di moneta liquida: maggiore tasso di interesse indica maggiore convenienza nella detenzione di ricchezza sotto forma di titoli, e quindi minore convenienza nella detenzione di ricchezza sotto forma di moneta. Di fatti, al crescere di i la domanda di moneta decresce.
D'altra parte, a parità di tasso di interesse (i), al variare del reddito nominale aumenta la domanda di moneta. Se (Y^n) aumenta, allora aumenta anche la domanda di moneta e la curva MD si sposta parallelamente verso l'alto; viceversa, se (Y^n) si riduce, diminuisce la domanda di moneta e la curva MD si sposta parallelamente verso il basso.

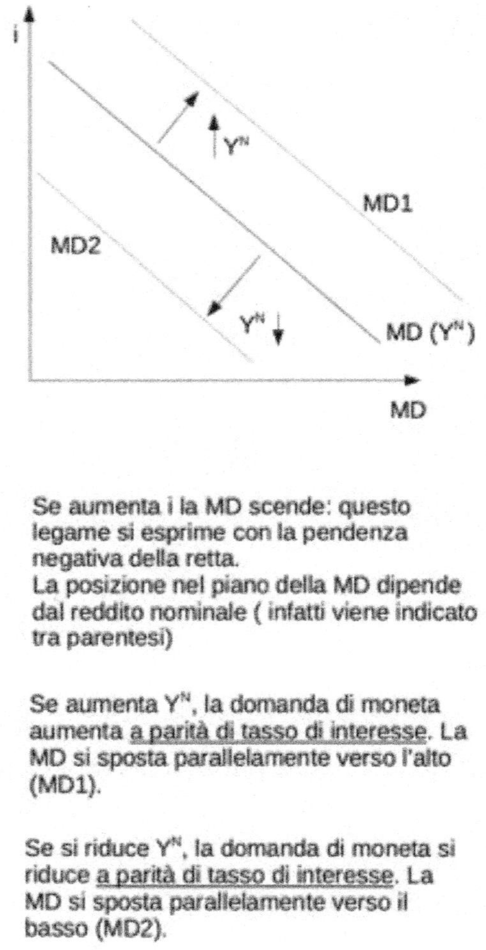

Figura 3.2: La funzione di domanda di moneta

3.1.3 Valore presente scontato

DEFINIZIONE **16.** *Il valore presente scontato di una somma di denaro futura, è il valore oggi di tale somma futura.*

Per determinare il valore oggi di una somma futura dobbiamo utilizzare il tasso di interesse. Denotando con i il tasso di interesse nominale ad un anno e ipotizzando di prendere a prestito oggi una somma pari a 1€ è possibile affermare che l'anno prossimo avremo $(1+i)$ €. Supponendo un tasso di interesse del 5%, l'anno prossimo avremo $1+0.05 = 1.05$ €. Osservando quanto detto da un'altra prospettiva, possiamo asserire che se l'anno prossimo riceveremo 1€ , questo ad oggi vale $\frac{1}{1+i}$. Con un tasso di interesse $i = 0.05$ la frazione ammonta a 0.95 €.

OGGI		PROSSIMO ANNO
1 €	$\rightarrow$	(1+i) € es. i=5 % 1+ 0.05= 1.05
$\frac{1}{1+i}$	$\leftarrow$	1€
$\frac{1}{1+0.05} = 0.95$		1€

Per spiegare la seconda relazione, immaginiamo di dare in prestito una somma, o acquistare un titolo, del valore di $\frac{1}{1+i}$. Utilizzando la formula della prima riga, possiamo ottenere il valore di tale somma al prossimo anno moltiplicando il capitale investito $\frac{1}{1+i}$ per il capitale sommato al tasso di interesse e cioè $(1+i)$. Si ottiene:

$$\frac{1}{1+i} \cdot (1+i)$$

$$\frac{1}{\cancel{1+i}} \cdot \cancel{(1+i)} = 1 \qquad \text{Esattamente 1€ come indicato nella tabella}$$

Attenzione! Si usa 1€ per semplicità! Si possono utilizzare somme di varia entità che devono essere divise o moltiplicate per $(1+i)$, seguendo lo schema.

Prezzo dei titoli

Grazie alla formula del valore presente scontato, con a disposizione l'informazione relativa al tasso di interesse i, possiamo ottenere una formula che ci permette di valutare il prezzo di un titolo standard che garantisce l'anno prossimo una somma di denaro fissa. Se ad esempio, il tasso di interesse è $i = 0.05$, possiamo calcolare il prezzo di un titolo oggi che a scadenza garantisce il valore di 100€ come segue:

$$P = \frac{100}{1+i} = \frac{100}{1+0.05} = 95.23$$

In pratica, seguendo lo schema prima presentato, sostituiamo alla seconda riga, il valore 100 al valore 1 e otteniamo la nostra formula. Ugualmente, se volessimo sapere quale sarà il valore domani di un capitale pari a 100€ che mettiamo da parte in un fondo che ci garantisce un rendimento del $i = 0.05$, allora otterremo l'anno prossimo il montante (cioè il capitale aggiornato con il valore degli interessi) pari a:

$$P = 100(1+i) = 100(1.05) = 105$$

OGGI		PROSSIMO ANNO
100 €	$\rightarrow$	100(1+i) (montante) € es. i=5 % 100(1+ 0.05)= 105
$\frac{100}{1+i}$	$\leftarrow$	100€
$\frac{100}{1+0.05} = 95.23$ (vps)		100€

Se invece volessimo sapere il tasso di interesse di un titolo che costa oggi $P = 95.23$, dobbiamo utilizzare la stessa formula effettuando però un passaggio algebrico che ci permetta di ottenere i in funzione di P come segue:

$$P = \frac{100}{1+i}$$
$$(1+i) = \frac{1}{P}$$
$$i = \frac{100}{P} - 1$$
$$i = \frac{100}{95.23} - 1 = 0.05$$

Se il prezzo è $P = 95,23$, il tasso di interesse che ottengo sarà il 5% circa. Da questa equazione possiamo evincere che esiste una relazione negativa tra prezzo di un titolo e tasso di interesse: maggiore il prezzo, minore il tasso e viceversa. Se infatti il tasso di interesse scende al 3% o all'1%, il prezzo di un titolo che mi da l'anno prossimo 100, oggi diventa:

$$P = \frac{100}{1+i} = \frac{100}{1+0.03} = 97.08$$
$$P = \frac{100}{1+i} = \frac{100}{1+0.01} = 99.00$$

Allo stesso modo, il rendimento di un titolo scende se il suo prezzo sale, come segue:

$$i = \frac{100}{P} - 1$$
$$i = \frac{100}{97.08} - 1 = 0.03(3\%)$$
$$i = \frac{100}{99.08} - 1 = 0.01(1\%)$$

3.1.4 L' offerta di moneta

Se i cittadini sono coloro che decidono la moneta domandata nel mercato, la quantità di moneta offerta nel mercato è invece decisa dalla banca centrale.

Una banca centrale è una istituzione pubblica che gestisce la valuta di un Paese e controlla l'offerta di moneta. L'offerta di moneta è la quantità di moneta in circolazione usata dal pubblico. Il principale strumento di cui dispone la banca centrale è la possibilità di fissare il tasso di interesse, controllando l'offerta di moneta presente nel sistema: questo strumento costituisce la politica monetaria. La banca centrale è la banca delle banche commerciali: i privati non possono aprire un conto ne' richiedere un prestito.

Le banche commerciali si possono rivolgere alla banca centrale per contrarre prestiti, di solito allo scopo di finanziarsi a brevissimo termine. Per ottenere fondi dalla banca centrale, le banche commerciali devono vincolare presso quest'ultima attività (titoli di Stato o obbligazioni societarie) che abbiano un valore economico e fungano da garanzia del rimborso del prestito. Le banche commerciali forniscono al pubblico credito a lungo termine (ad esempio mutui), a fronte di depositi a breve termine (ad esempio conti corrente). Questa discrepanza tra le scadenze di crediti e debiti determina il rischio che la banca non riesca a fare fronte a richieste di liquidità immediate effettuate in grande numero dai creditori, proprio perché il suo attivo è costituito da attività che forniscono un rendimento nel lungo termine e quindi non facilmente vendibili, se non a costo di perdite nel breve termine.

La banca centrale risolve questo problema fornendo un supporto alle banche commerciali, garantendo la funzione di 'prestatore di ultima istanza e cioè sostenendo le banche commerciali in caso di crisi di liquidità: questo implica che la banca centrale si occupa anche di mantenere la stabilità del sistema finanziario. Le banche centrali svolgono anche altre attività: emettono le banconote e le monete, assicurano il regolare funzionamento dei sistemi di pagamento per le banche, gestiscono le riserve ufficiali e svolgono un ruolo nell'informazione del pubblico in merito all'economia. Per di più, esercitano la funzione di vigilanza delle banche commerciali, allo scopo di assicurare che i prestatori non assumano rischi eccessivi.[1] La Banca Centrale è una istituzione pubblica, quindi non ha scopo di lucro.

Il modello semplice qui presentato, prende in considerazione la funzione della Banca Centrale (da qui in poi BC) come istituzione che fissa il tasso di interesse con lo scopo di stabilizzare l'economia, decidendo la politica monetaria. Per effettuare tale scopo, opera nel mercato finanziario attraverso le sue attività che sono i titoli, e le sue passività che sono la moneta. Infatti, mentre per i cittadini la moneta è uno strumento di pagamento, per la BC la monetaè un debito perché rappresenta un valore monetario che in ultima istanza viene garantito dalla banca centrale stessa. Infatti, il circolante stesso viene 'prodotto' dalla BC e non ha un valore intrinseco: ha valore perché la banca centrale ne garantisce il valore legale. La BC realizza la politica monetaria tramite lo strumento dell'offerta di moneta: agisce nel sistema finanziario scambiando moneta liquida per titoli e così tentando di influenzare il tasso di interesse di mercato, che risponde alla domanda e offerta relativa di moneta. Le politiche monetarie realizzabili dalla BC sono:

Politica Monetaria Espansiva:

- La BC aumenta l'offerta di moneta presente nel sistema economico comprando titoli nel mercato in cambio di circolante.

[1] Questo paragrafo riporta elaborazioni di informazioni ottenute dal sito della BCE: *https : //www.ecb.europa.eu/explainers/tell − me/html/what − is − a − central − bank.it.html*

- Nel bilancio della BC aumentano i titoli e si riduce il circolante.
- Nel mercato aumenta il circolante (offerta di moneta) e si riducono i titoli.
- Nel mercato esiste una minore quantità di titoli a fronte della medesima domanda: il prezzo dei titoli aumenta, il tasso di interesse scende.

Politica Monetaria Restrittiva:

- La BC riduce l'offerta di moneta presente nel sistema economico vendendo titoli nel mercato in cambio di circolante.
- Nel bilancio della BC si riducono i titoli e aumenta il circolante.
- Nel mercato si riduce il circolante (offerta di moneta) e aumentano i titoli.
- Nel mercato esiste una maggiore quantità di titoli a fronte della medesima domanda: il prezzo dei titoli scende, il tasso di interesse sale.

L'offerta di moneta in formule

Possiamo chiamare l'offerta di moneta della BC più semplicemente MS ("Money Supply" dall'inglese): l'offerta di moneta, in quanto decisa dalla BC in maniera autonoma e con l'obiettivo esplicito di determinare il tasso di interesse, è quindi una variabile esogena. Non dipende dal modello, ma viene scelta in misura discrezionale (almeno nella versione semplificata del modello della politica monetaria qui presentata). Quindi la formula della MS è semplicemente:

$$MS = \overline{MS}$$

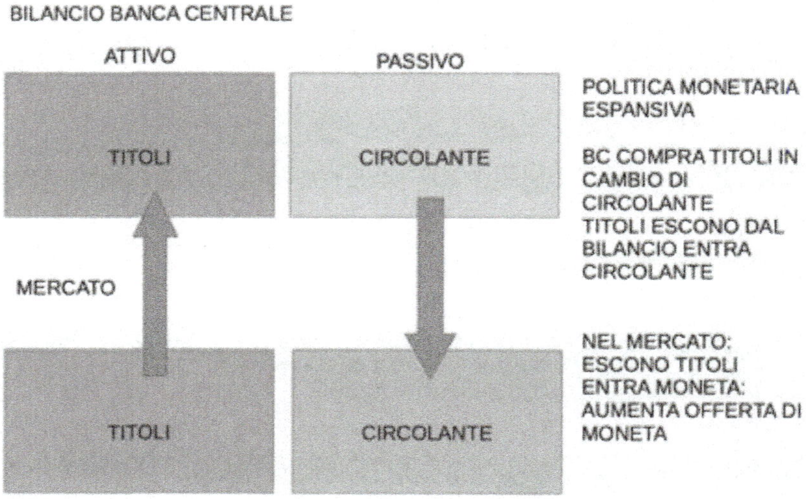

Figura 3.3: Bilancio della BC e mercato dei titoli in una politica monetaria (espansiva)

La barra sopra il nome della variabile indica che si sta trattando di un valore esogeno. Nella figura 3.5 abbiamo rappresentato l'offerta di moneta in un sistema di assi cartesiani: sull'asse delle ascisse troviamo la moneta, mentre sulle ordinate il tasso di interesse. L'offerta di moneta è esogena, quindi è fissa, perché scelta dalla BC in maniera autonoma: viene rappresentata da una retta perpendicolare all'asse x dato che non varia al variare del tasso di interesse. Nella figura 3.5 vediamo quale sarà l'effetto delle due politiche della Banca Centrale, sulla funzione di offerta di moneta e cioè:

- Politica Monetaria Espansiva (PME): Se la BC decide di effettuare una politica

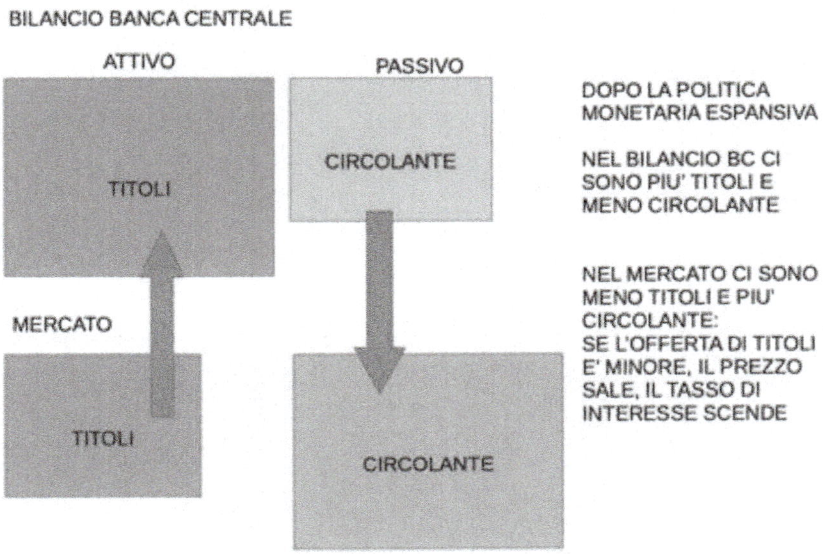

Figura 3.4: Dopo la politica monetaria

monetaria espansiva, aumentando l'offerta di moneta, la MS si sposta a destra e la nuova funzione di offerta di moneta diventa MS1

- Politica Monetaria Restrittiva (PMR): Se la BC decide di effettuare una politica monetaria restrittiva, riducendo l'offerta di moneta, la MS si sposta a sinistra e la nuova funzione di offerta di moneta diventa MS2

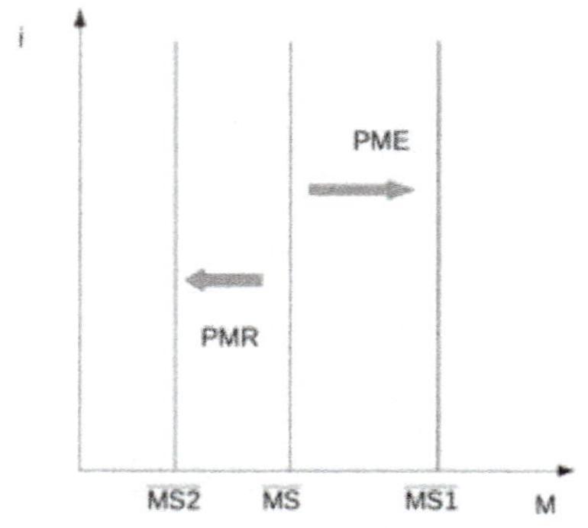

Figura 3.5: La funzione di offerta di moneta: politica monetaria espansiva e restrittiva

3.2 L'equilibrio nel mercato della moneta

Ora che abbiamo definito e descritto sia la domanda che l'offerta di moneta, possiamo determinare l'equilibrio nel mercato monetario, il quale è ottenibile attraverso una condizione di equilibrio tra domanda e offerta: trattandosi di equilibrio si sta ovviamente facendo riferimento ad una condizione di eguaglianza tra domande e offerta di moneta.

DEFINIZIONE **17.** *L'equilibrio nel mercato monetario si ottiene quando domanda e offerta di moneta si incontrano.*

L'equilibrio nel mercato della moneta si esprime in formule come segue:

$$MS = MD$$

Sostituendo a questa, le espressioni dell'offerta e della domanda di moneta prima descritte, otteniamo la forma esplicita della formula:

$$\overline{MS} = Y^n L(i)$$

Da questa condizione possiamo ottenere, sostituendo le formule esplicite, una equazione per il tasso di interesse. Tale equazione, determina il tasso di interesse di equilibrio (i^*): esso rappresenta il risultato dell'incontro tra la politica monetaria della BC e la domanda di moneta espressa dai cittadini nel mercato. Rappresentiamo nel grafico 3.6 l'equilibrio nel mercato della moneta. Osserviamo cosa accade se ci spostiamo da tale punto di equilibrio E.

- Se ci spostiamo a destra del punto E, lungo la curva MD, siamo in una situazione in cui la domanda di moneta è maggiore dell'offerta: se tracciamo una retta parallela all'asse delle ascisse da questo punto fino alla MS, confermeremo questa situazione: MD>MS per i punti sulla MD a destra di E. Se MD>MS non esiste l'equilibrio monetario: i cittadini domandano piu' moneta di quella che la BC è disposta a diffondere nel sistema. Sarà necessario che in qualche modo le persone cambino la composizione del loro portafoglio tra moneta e titoli: per fare questo, sarà necessario un incentivo. Tale incentivo è il tasso di interesse: se quest'ultimo sale, aumenta la convenienza a detenere la propria ricchezza in titoli invece che in moneta liquida, perché il rendimento che il titolo mi garantisce è aumentato. Allora a parità di reddito - e infatti mi sposto lungo la stessa MD dove il livello del reddito nominale non cambia - aumenterà

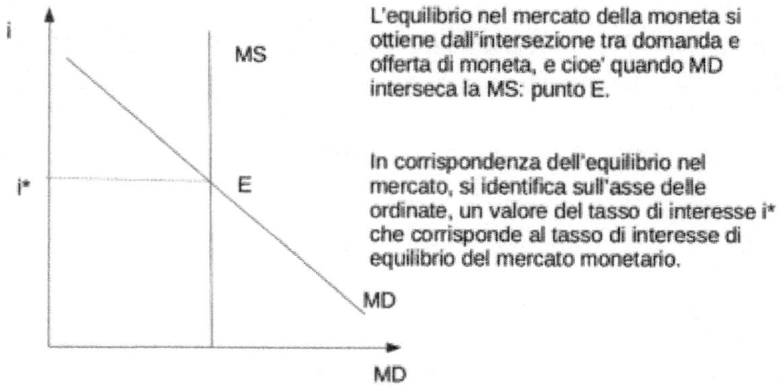

Figura 3.6: L'equilibrio nel mercato monetario

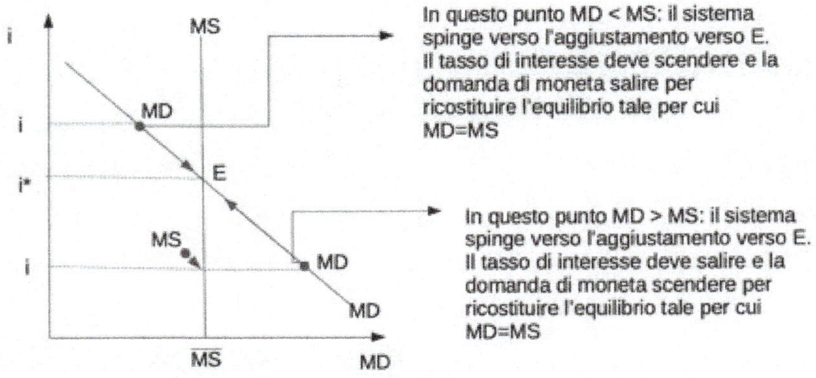

Figura 3.7: Aggiustamento verso l'equilibrio

il tasso di interesse e scenderà la MD fino a raggiungere di nuovo l'equilibrio E.

- Egualmente, ogni situazione in cui ci troviamo a sinistra di E, sulla MD, avremo che MD<MS. Il pubblico vuole detenere una quantità di moneta minore di quella offerta dalla BC: per questo motivo il tasso di interesse deve scendere, spingendo le persone a risparmiare meno in titoli e a detenere piu' moneta: MD scende e torniamo all'equilibrio E.

Un aumento del reddito nominale

Immaginiamo ad esempio che per qualche motivo, il reddito nominale a disposizione del pubblico aumenti. Cosa accade all'equilibrio monetario? La risposta a tale quesito è osservabile in figura 3.8. Ragionando a step, sappiamo innanzitutto che il reddito nominale è presente nella funzione MD, quindi sicuramente sarà quest'ultima a subire un effetto. Ad un aumento del reddito nominale, la MD si sposta verso l'alto, perché la domanda di moneta dipende positivamente dal reddito nominale: maggiore è la ricchezza a disposizione delle persone, maggiore sarà la domanda di circolante che richiederanno per effettuare le loro spese e dunque maggiore sarà la MD (la nuova MD viene denotata con MD1).
L'equilibio del mercato monetario sarà quindi, la nuova intersezione tra la vecchia MS e la nuova MD1, in corrispondenza di un valore del tasso di interesse di equilibrio maggiore. La ragione di ciò sta nel fatto che il pubblico sta domandando più moneta rispetto a prima perché il maggiore reddito spinge verso una maggiore richiesta di liquidità per effettuare transazioni. D'altra parte però, l'offerta di moneta della BC non è cambiata: quindi è necessario in qualche modo che il mercato si aggiusti per sistemare questa discrepanza tra maggiore MD richiesta dal pubblico e uguale MS fornita dalla BC: il tasso di interesse è il meccanismo che effettua questo aggiustamento. Di fatti, se il tasso di interesse sale, il rendimento sui titoli sarà maggiore di prima; quindi, le persone che domandano maggiore moneta, potrebbero trovare conveniente risparmiare parte di questa moneta (invece che richiedere circolante per spendere) e detenerla in forma di titoli visto che appunto il rendimento che ottengono è più conveniente. Tale convenienza spinge le persone a detenere più titoli che moneta - in seguito al maggiore reddito - ma solo in corrispondenza di un rendimento più alto, vale a dire con un tasso di interesse più alto.

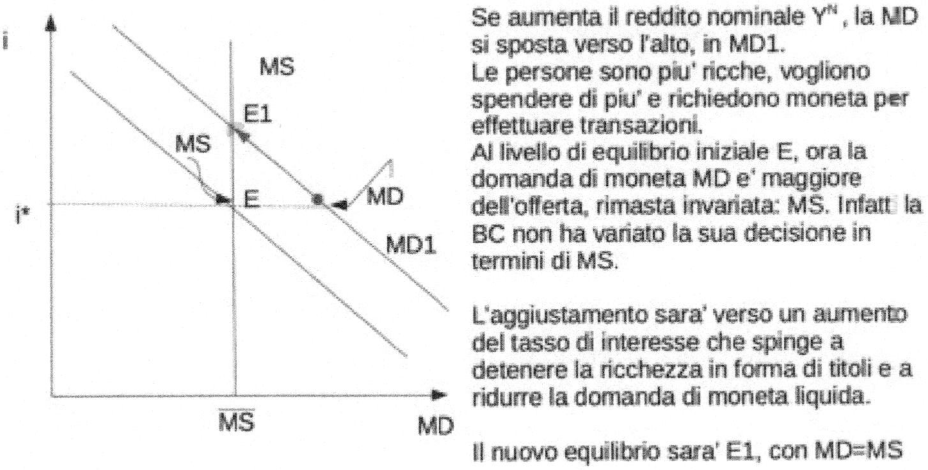

Figura 3.8: Equilibrio nel mercato monetario: effetto di un aumento del reddito nominale

3.2.1 Le politiche monetarie in formule e grafici

Politica Monetaria Espansiva (PME) - Figura 3.9a

- La BC aumenta l'offerta di moneta presente nel sistema economico comprando titoli nel mercato in cambio di circolante.
- La funzione di offerta di moneta si sposta a destra parallelamente alla posizione della MS originaria.
- L'equilibrio del mercato monetario si sposta da E ad E' ed identifica un nuovo livello del tasso di interesse di equilibrio i^{1*}.
- Il nuovo tasso di interesse di equilibrio è minore del valore antecedente alla PME.
- La maggiore offerta di moneta presente nel mercato conseguente alla politica monetaria, a parità di MD, determina un eccesso di offerta di moneta a favore dei titoli (che quindi sono domandati maggiormente visto che la BC per effettuare la politica ne ha ritirati dal mercato, emettendo contestualmente moneta). Nel mercato ora i titoli scarseggiano (mentre abbonda la moneta), quindi il prezzo dei titoli sale, e seguendo la formula del prezzo e tasso di interesse, il tasso di interesse deve scendere
- Intuitivamente, se la BC emette più circolante nel mercato, e le persone vogliono invece detenere la stessa quantità di moneta circolante di prima (infatti la MD non è variata), allora vorrà dire che il mercato dovrà spingere le persone a detenere questa moneta in eccesso in qualche modo. Il tasso di interesse più basso è il modo: visto che i titoli rendono meno di prima, il pubblico avrà meno convenienza a risparmiare e a detenere titoli, quindi scambierà titoli per moneta, determinando il nuovo equilibrio in cui MD coincide con MS.

(a) Effetti sul mercato monetario di una politica monetaria espansiva

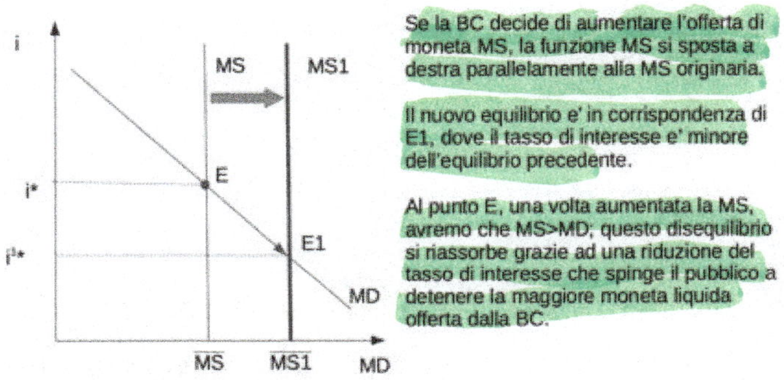

(b) Effetti sul mercato monetario di una politica monetaria restrittiva

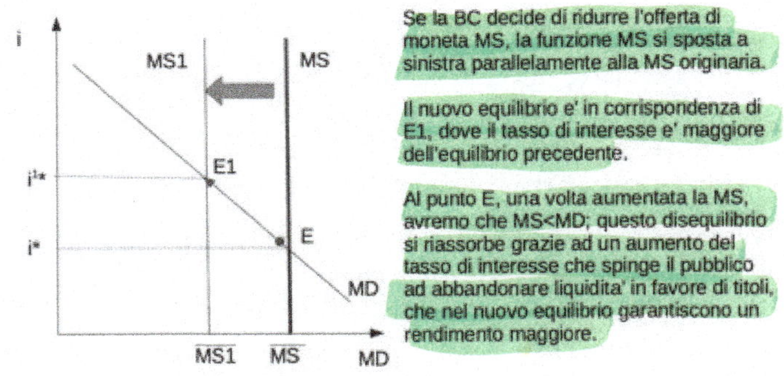

Figura 3.9: Le politiche monetarie

3.2.2 La costruzione della LM

Abbiamo ottenuto nel precedente paragrafo la costruzione dell'equilibrio nel mercato della moneta, sia matematicamente che graficamente. In questo paragrafo dobbiamo semplicemente riscrivere l'equilibrio prima identificato, in un nuovo sistema di assi cartesiani e precisamente in un sistema in cui il tasso di interesse resta all'asse delle ordinate, mentre alle ascisse riportiamo il reddito nominale invece della quantità di moneta. Questo cambiamento ha uno scopo ben preciso: fino ad ora abbiamo considerato il mercato della moneta separatamente da quello dei beni: il nostro obiettivo è quello di unire i risultati ottenuti in questo mercato con quelli del mercato dei beni, per poi poter studiare insieme contemporaneamente l'equilibrio in entrambi i mercati.

Detto questo, prendiamo a riferimento il sistema di assi cartesiani studiato per analizzare l'equilibrio monetario, e lo affianchiamo con un sistema di assi in cui invece della moneta, all'asse delle ascisse è riportato il reddito, come in Figura 3.10: nel grafico a sinistra identifichiamo un equilibrio nel punto E1, in cui la domanda e l'offerta di moneta coincidono. Prendendo il valore del tasso di interesse relativo a questo punto, lo riportiamo nel grafico a destra, ricordando che a questo punto corrisponde un livello del reddito nominale pari a Y1. Immaginiamo un aumento del reddito nominale, che da Y1 passa a Y2. In corrispondenza di tale aumento, identifichiamo un secondo punto di equilibrio, E2 in Figura 3.10: a tale punto corrisponde un tasso di interesse di equilibrio maggiore, che riportiamo nel grafico a destra in corrispondenza del punto E2. Il valore del reddito nominale in questo caso è maggiore di quello precedente: il secondo punto ci permette di identificare la pendenza di tale funzione, pendenza appunto positiva. La funzione identificata si chiama LM, e individua tutti i punti di equilibrio nel mercato della moneta. Tale funzione LM sintetizza quindi la condizione di equilibrio nel mercato monetario.

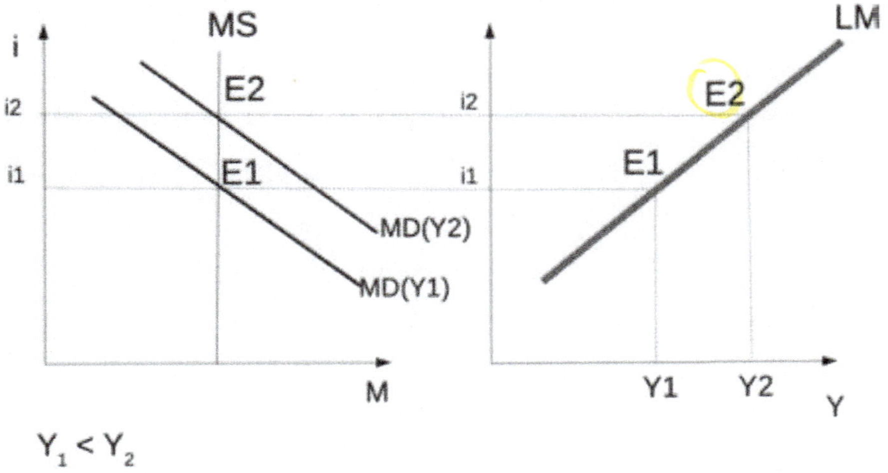

Figura 3.10: La costruzione della LM

Come si studiano politiche monetarie espansive o restrittive in questo nuovo grafico? Gli effetti delle politiche monetarie sulle variabili di interesse, sono uguali a quelli identificati nei precedenti paragrafi, e infatti:

- nel caso di una politica monetaria espansiva, la LM si sposta parallelamente verso il basso in LM2: a parità di tasso di interesse (i1) il reddito nominale nella nuova LM è maggiore ($Y2 > Y1$) ovvero a parità di reddito nominale (Y2), il tasso di interesse in LM2 è minore rispetto a quello in LM1 ($i1 < i2$)

- Nel caso di una politica monetaria restrittiva, la LM1 si sposta parallelamente verso l'alto in LM3: a parità di tasso di interesse (i1) il reddito nominale in LM1 è minore che in LM3 ($Y1 < Y3$) ovvero a parità di reddito nominale (Y1), il tasso di interesse è maggiore nella LM3 ($i1 < i3$)

E' importante notare che in questo diagramma non abbiamo determinato il reddito e il tasso di interesse di equilibrio successivi alle politiche monetarie: abbiamo detto ad esempio che, *a parità di tasso di interesse*, in seguito ad una politica monetaria espansiva, avremmo un reddito maggiore, ma in generale, per avere il livello di equilibrio di i e Y dovremo mettere insieme la LM con la IS, cosa che faremo nel prossimo capitolo.

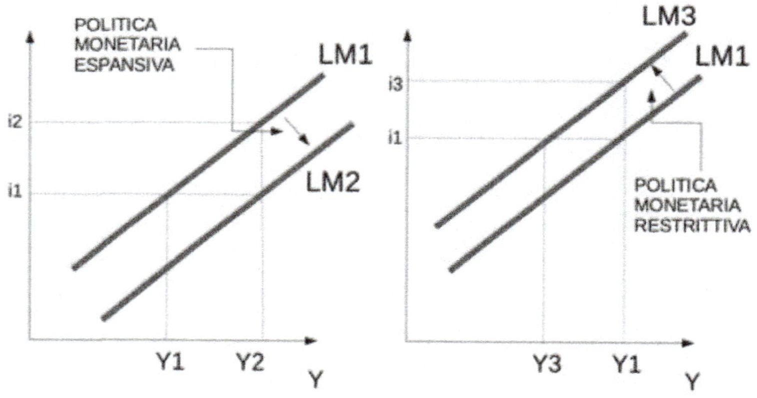

Figura 3.11: Politiche monetarie espansive e restrittive nella LM

3.2.3 La regola di Taylor

Abbiamo studiato l'equilibrio nel mercato della moneta, come risultato dell'intersezione della domanda e dell'offerta di stock monetario: l'obiettivo è quello di capire come le forze di mercato regolino l'equilibrio monetario e come le politiche della Banca Centrale abbiano come obiettivo l'influenza sul comportamento dei cittadini. Chiaramente questo è un modello tradizionale che non riflette il funzionamento attuale del mercato della moneta, e di cosa effettivamente fanno le Banche Centrali oggi. La maggior parte delle Banche Centrali, tra cui la FED (Federal Reserve of the United States) e la Banca Centrale Europea (BCE) decidono un obiettivo in termini di tasso di interesse nominale. Il tasso di interesse nominale obiettivo, è il frutto della valutazione della banca centrale dei suoi obiettivi in termini di PIL reale e tasso di inflazione desiderati.

Non abbiamo studiato in questo manuale il lungo periodo, quindi non conosciamo le variabili di lungo periodo, ma immaginiamo che la Banca Centrale voglia mantenere una certa stabilità del PIL o per lo meno, si impegni a stabilizzarlo a fronte di periodi di particolare instabilità. Il periodo successivo alla crisi finanziaria del 2007 ne è un esempio: negli anni successivi alla crisi, molti paesi europei hanno subito una contrazione del PIL considerevole, alla quale la BCE ha risposto con politiche monetarie volte a sostenere l'output e a sostenere il sistema finanziario.

La BC ha anche un altro obiettivo esplicito, e cioè un livello di inflazione e cioè di crescita dei prezzi, moderato, normalmente intorno al 2%.

Dati questi obiettivi, e calcolato il tasso di interesse reale naturale e cioè quel tasso di interesse reale compatibile con i livelli di inflazione e output di lungo periodo, la regola dice che la BC deve mantenere un tasso di interesse nominale vincolato a quello reale di lungo periodo, a meno di scostamenti del PIL dal suo livello di lungo periodo, e dell'inflazione dal suo livello target. Per maggiore chiarezza riportiamo la formula:

$$i = r + \pi + \alpha_y(y - y^*) + \alpha_\pi(\pi - \pi^*) \tag{3.1}$$

il tasso di interesse nominale che la BC deve decidere e cioè i, è legato al tasso di interesse nominale di lungo periodo r, e aggiustato in relazione a due elementi. Il primo è $\alpha_y(y - y^*)$, dove y è il PIL corrente, y^* è l'obiettivo in termini di PIL di lungo periodo, e α_y rappresenta la sensibilità della politica monetaria rispetto agli obiettivi di reddito. Questo addendo ci dice che se ad esempio il PIL è maggiore del suo livello di lungo periodo, e cioè se $y > y^*$, allora la BC dovrà aumentare il tasso di interesse nominale in misura pari a α_y per la differenza tra i due output (che si chiama in gergo 'output gap'). Il coefficiente α_y misura di quanto la BC vuole aggiustare il tasso di interesse nominale, in risposta a scostamenti del PIL dal suo livello obiettivo e quindi in pratica indica quanto quest'ultima è 'sensibile' alle variazione dell'output.

Il secondo elemento, e cioè $\alpha_\pi(\pi - \pi^*)$ ci dice la risposta invece che deve avere la BC, in relazione a variazioni dell'inflazione rispetto al suo livello desiderato. Se ad esempio l'inflazione è maggiore del livello desiderato e cioè quando $\pi_t > \pi^*$, la BC deve aumentare i tasso di interesse nominale. Al contrario, se $\pi < \pi^*$, la BC osserva una inflazione minore del target, quindi riduce il tasso di interesse in misura pari a α_π per il gap di inflazione rispetto all'obiettivo. Di quanto la BC risponde a discrepanze dell'inflazione rispetto all'obiettivo, dipende dal parametro α_π, che misura la sensibilità della BC all'inflazione. Quanto più alto questo parametro, maggiore l'avversità della BC all'inflazione. Inoltre, se una banca centrale è più avversa all'inflazione di quanto non sia alla caduta dell'output, si ha che $\alpha_\pi > \alpha_y$.

Se vogliamo rappresentare questa regola di politica monetaria, dobbiamo immaginare una LM diversa, che quindi non dipende più da Y, ma è fissata rispetto al tasso di interesse nominale. Possiamo riportare questa regola nell'asse cartesiano (Y,i) e sostituirla alla LM. Prescindiamo dai dettagli relativi alla sensibilità della regola di Taylor al gap di output e inflazione, e immaginiamo una regola di Taylor (RT in Figura 3.12) semplice in cui viene deciso un livello di tasso di interesse nominale i: la nuova retta che indica la politica monetaria, si chiama RT, proprio per ricordare la regola da cui proviene. In FiguraFigura 3.12 osserviamo l' equilibrio economico generale ottenuto con la regola di Taylor (d'ora in poi RT). L'intersezione tra la RT e la IS, identificano un PIL di equilibrio pari a Y1. In questo diagramma, non troviamo il tasso di interesse di equilibrio perchè ora quest'ultimo non è più risultato di un equilibrio nel mercato della moneta, ma è deciso ex-ante dalla politica della BC. E' evidente come in questo caso sia molto facile prevedere il tasso di interesse di equilibrio e questo è il motivo per cui tale regola è stata messa in pratica: aiuta a ridurre l'incertezza dei mercati finanziari, fornendo un punto di riferimento preciso per la politica monetaria.

Una volta impostata la RT e l'equilibrio economico generale, possiamo analizzare sia cosa succede in relazione a variazioni della politica monetaria stessa - quindi nei casi in cui la BC decida di cambiare per qualche motivo il suo tasso di interesse obiettivo e la RT - e sia variazioni della politica fiscale, rappresentate da spostamenti della IS.

Politica monetaria espansiva e regola di Taylor Una politica monetaria espansiva della BC implica una riduzione del tasso di interesse nominale domestico: la RT si sposta in basso parallelamente da RT1 a RT2. Il nuovo equilibrio economico generale è in corrispondenza della intersezione della IS con la nuova RT, per un livello del reddito corrispondente a Y2. La politica monetaria espansiva fa aumentare il reddito, riducendo il tasso di interesse che influenza positivamente gli investimenti privati. La dinamica di questa politica è mostrata in Figura 3.13.

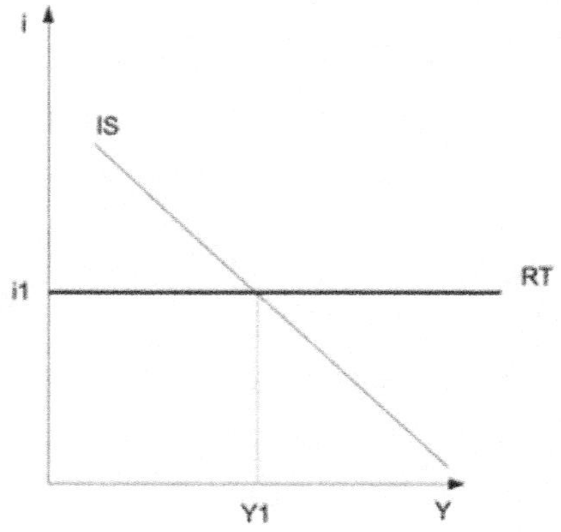

Figura 3.12: La regola di Taylor

Politica fiscale espansiva e regola di Taylor La politica fiscale espansiva determina uno spostamento nella IS verso destra alto, verso livelli del reddito di equilibrio maggiore. La differenza di questo caso rispetto a quello standard del modello IS-LM, risiede nella presenza della RT. L'equilibrio iniziale è in E1, intersezione tra la RT e la IS. In seguito alla politica fiscale, la IS si sposta da IS1 a IS2: il nuovo equilibrio è E2, intersezione con la RT. Il reddito è comunque maggiore di prima dopo la politica fiscale, perchè in seguito ad essa aumenta la componente della domanda aggregata e quindi il reddito in equilibrio. I tassi di interesse non variano, a meno che la BC non decida in qualche modo di cambiare il tasso di interesse obiettivo. Il nuovo equilibrio è per un reddito Y2.

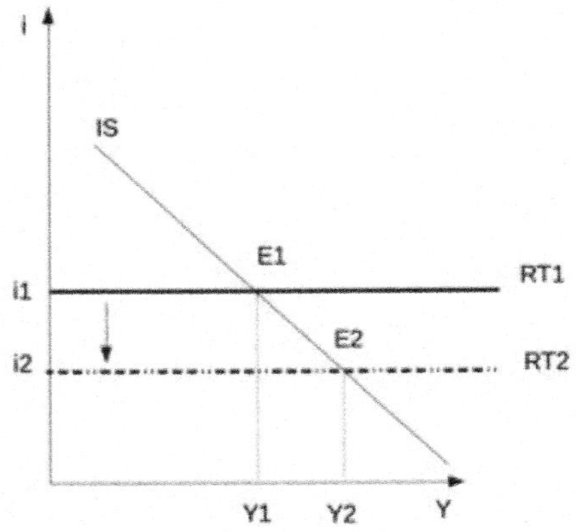

Figura 3.13: Politica monetaria espansiva e regola di Taylor

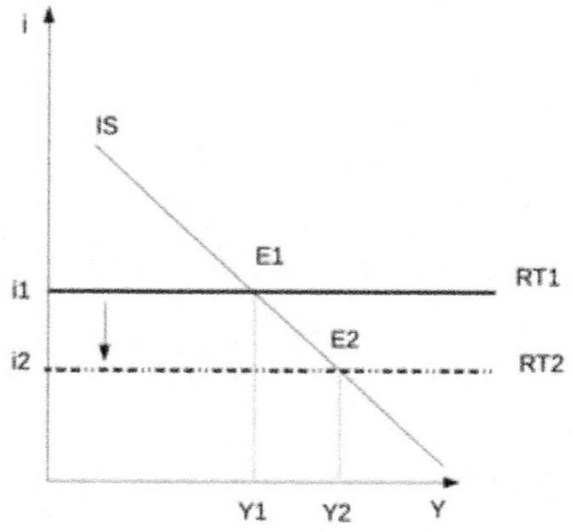

Figura 3.14: Politica fiscale espansiva e regola di Taylor

3.3 Il mercato della moneta: esercizi

3.3.1 Esercizio 1

1. Vogliamo acquistare un titolo che garantisce il prossimo anno una somma di denaro pari a 200 €. Ipotizzando un tasso di interesse del 8%, qual è oggi il prezzo di tale titolo?
   Soluzione
   $$P = \frac{200}{(1+i)} = \frac{200}{1+0.08} = \frac{200}{1.08} = 185.19$$

2. Decidiamo oggi di mettere da parte in un fondo, che assicura un rendimento del 9%, una somma di denaro che ammonta a 150€. Quale sarà l'anno prossimo il valore del capitale che abbiamo messo da parte?
   Soluzione
   $$P = 150 \cdot (1+i) = 150 \cdot (1+0.09) = 150 \cdot 1.09 = 163.5$$

3. Decidiamo oggi di acquisire un titolo a 125€, titolo che vedrà un aumento di 5€ l'anno prossimo. Qual è il tasso di interesse?
   Soluzione
   Per calcolare il tasso di interesse è prima necessario determinare il montante:
   $$Montante = 125 + 5 = 130$$

Ora possiamo calcolare i:

$$\begin{aligned}125 &= \frac{130}{1+i}\\(1+i)\cdot 125 &= 130\\1+i &= \frac{130}{125}\\i &= \frac{130}{125}-1\\i &= 1.04-1=0.04=4\%\end{aligned}$$

4. Fissato il valore del montante del punto 3., calcolare il prezzo odierno con tasso di interesse $i1 = 0.02$ e $i2 = 0.06$. Come sono i valori del prezzo rispetto al punto 3.?
Soluzione

$$\begin{aligned}P1 &= \frac{130}{(1+i1)} = \frac{130}{(1+0.02)} = \frac{130}{(1.02)} = 127.45\\P2 &= \frac{130}{(1+i2)} = \frac{130}{(1+0.06)} = \frac{130}{(1.06)} = 120.37\end{aligned}$$

La relazione negativa tra prezzo e tasso di interesse è confermata. Nel primo caso infatti, essendo il tasso di interesse minore, il prezzo è maggiore rispetto al punto 3. Nel secondo caso invece, essendo il tasso di interesse maggiore, il prezzo è minore rispetto al punto 3.

5. Fissato il valore del montante del punto 3., calcolare il tasso di interesse di un titolo con prezzo oggi pari a 115€.

Soluzione

$$i = \frac{130}{115} - 1 = 1.13 - 1 = 0.13 = 13\%$$

3.3.2 Esercizio 2

Ipotizziamo di trovarci in un mercato in cui la funzione della domanda di moneta espressa dai cittadini è $MD = 0.6Y - 8000i$, mentre la banca centrale decide che la quantità di moneta offerta ammonta a $MS = 400$.

1. Determinare l'espressione implicita del tasso di interesse di equilibrio, mantenendo dunque Y come variabile.

2. Calcolare il valore del tasso di interesse di equilibrio in relazione ai seguenti tre casi:

$$Y1 = 2000 \qquad Y2 = 1000 \qquad Y3 = 3000$$

Soluzione

1. Per determinare l'espressione implicita del tasso di interesse di equilibrio è necessario innanzitutto imporre la condizione di equilibrio nel mercato della moneta, vale a dire MD=MS. Dobbiamo poi isolare la variabile i a sinistra dell'uguale, esprimendola in funzione di Y come segue:

$$\begin{aligned}
MD &= MS && \text{Condizione di equilibrio mercato della moneta}\\
0.6Y - 8000i &= 400\\
-8000i &= 400 - 0.6Y\\
8000i &= 0.6Y - 400\\
\frac{\cancel{8000}}{\cancel{8000}} \cdot i &= \frac{(0.6Y - 400)}{8000}\\
i &= \frac{0.6Y}{8000} - 4008000\\
i^* &= \frac{0.6Y}{8000} - 0.05 && \text{Espressione implicita i di equilibrio}
\end{aligned}$$

2. Per calcolare il valore del tasso di interesse di equilibrio è sufficiente sostituire nell'equazione implicita il valore del reddito fornito dall'esercizio relativo a ciascun caso.

$$
\begin{aligned}
i1 &= \frac{0.6 \cdot Y1}{8000} - 0.05 \\
&= \frac{0.6 \cdot 2000}{8000} - 0.05 \\
&= \frac{1200}{8000} - 0.05 = 0.15 - 0.05 \\
&= 0.1 = 10\%
\end{aligned}
$$

$$
\begin{aligned}
i2 &= \frac{0.6 \cdot Y2}{8000} - 0.05 \\
&= \frac{0.6 \cdot 1000}{8000} - 0.05 \\
&= \frac{600}{8000} - 0.05 = 0.075 - 0.05 \\
&= 0.025 = 2.5\%
\end{aligned}
$$

$$
\begin{aligned}
i3 &= \frac{0.6 \cdot Y3}{8000} - 0.05 \\
&= \frac{0.6 \cdot 3000}{8000} - 0.05 \\
&= \frac{1800}{8000} - 0.05 \\
&= 0.225 - 0.05 = 0.175 = 17.5\%
\end{aligned}
$$

3.3.3 Esercizio 3

Ipotizziamo di trovarci in un mercato in cui la funzione della domanda di moneta espressa dai cittadini è $MD = 0.5Y - 7500i$, mentre la banca centrale decide che la quantità di moneta offerta ammonta a $MS = 500$.

1. Determinare l'espressione implicita del reddito di equilibrio, mantenendo dunque i come variabile.

2. Calcolare il valore del reddito di equilibrio in relazione ai seguenti tre casi:

$$i1 = 5\% \qquad i2 = 10\% \qquad i3 = 15\%$$

Soluzione

1. Per determinare l'espressione implicita del reddito di equilibrio è necessario innanzitutto imporre la condizione di equilibrio nel mercato della moneta, vale a dire MD=MS. Dobbiamo poi isolare la variabile Y a sinistra dell'uguale, esprimendola in funzione di i come segue

$$\begin{aligned} MD &= MS && \text{Condizione di equilibrio mercato della moneta} \\ 0.5Y - 7500i &= 500 \\ 0.5Y &= 500 + 7500i \\ \frac{\cancel{0.5}}{\cancel{0.5}} \cdot Y &= \frac{(500 + 7500i)}{0.5} \\ Y &= 250 + 15000i && \text{Espressione implicita i di equilibrio} \end{aligned}$$

2. Per calcolare il valore del reddito di equilibrio è sufficiente sostituire nell'equazione implicita il valore del tasso di interesse fornito dall'esercizio relativo a

ciascun caso.

$$Y1 = 250 + 15000 \cdot i1 = 250 + 15000 \cdot 0.05 = 250 + 750 = 1000$$

$$Y2 = 250 + 15000 \cdot i2 = 250 + 15000 \cdot 0.1 = 250 + 1500 = 1750$$

$$Y3 = 250 + 1500 \cdot i3 = 250 + 15000 \cdot 0.15 = 250 + 2250 = 2500$$

3.3.4 Esercizio 4

Ipotizza che la Banca Centrale Europea utilizzi la seguente regola di Taylor:

$$i = r + \pi + \alpha_y(y - y^*) + \alpha_\pi(\pi - \pi^*)$$

considera i seguenti valori dei parametri: la sensibilità allo scostamento del reddito dal valore obiettivo (output gap) è $\alpha_y = 0.5$; la sensibilità all'inflazione è $\alpha_\pi = 1.5$, il reddito obiettivo è pari a $y^* = 1.5\%$, l'inflazione desiderata è $\pi^* = 2\%$, il tasso di interesse reale è pari al 2%.

$$i = 2\% + \pi + 0.5(y - 1.5$$

Se l'inflazione corrente è pari all'1%, e il PIL corrente allo 0.5%, quale tasso di interesse di politica monetaria deve fissare la BCE?

$$i = 0.02 + \pi + 0.5(y - 1.5) + 1.5(1 - 2)$$
$$i = 0.02 + 0.01 + 0.5(0.005 - 0.015) + 1.5(0.01 - 0.02)$$
$$i = 0.02 + 0.01 - 0.015 - 0.015$$
$$i = 0$$

In questo caso, la regola di Taylor suggerisce un tasso di interesse nominale pari a zero. Questo perchè quando il reddito è inferiore al valore obiettivo, la regola suggerisce una riduzione del tasso di interesse. Inoltre, anche l'inflazione è inferiore al suo livello di riferimento, determinando un effetto negativo sul tasso di interesse determinato dalla regola. I fattori si compensano e suggeriscono alla BCE un tasso pari a 0.

Capitolo 4

Equilibrio economico generale

4.1 Equilibrio economico generale: teoria

Nei precedenti capitoli abbiamo studiato l'equilibrio nel mercato dei beni e l'equilibrio nel mercato della moneta, ottenendo due condizioni di equilibrio matematiche e due funzioni che sintetizzano tali equilibri, la IS e la LM. Ora mettiamo insieme quanto studiato per ricavare finalmente l'equilibrio economico generale, che ci permetterà di trovare un valore di equilibrio unico per il tasso di interesse e il reddito.

Richiamiamo innanzitutto l'equazione che sintetizza l'equilibrio nel mercato dei beni, studiata nel Capitolo 2, prima nella forma implicita e poi con le sostituzioni delle funzioni esplicite della domanda aggregata:

$$Y = AD$$
$$Y = C + I + G$$
$$Y = C0 + C1(Y - T) + I0 + I1(Y) - I2i + G$$

Richiamiamo le equazioni relative all'equilibrio nel mercato monetario, studiate nel Capitolo 3 e cioè:

$$MS = MD$$
$$\overline{MS} = Y^n L(i)$$

Per ottenere l'equilibrio economico generale, dobbiamo mettere insieme le equazioni dei due equilibri, e cioè:

$$\begin{aligned} Y &= AD \\ MS &= MD \end{aligned} \tag{4.1}$$

Otteniamo in questo modo un sistema di due equazioni in due incognite, che identifica una soluzione corrispondente ad un valore di equilibrio di reddito e tasso di interesse. Per ottenere tali valori, bisogna sostituire i valori espliciti delle due funzioni e poi risolvere il sistema con uno dei metodi possibili, del confronto, per sostituzione, etc. Non studiamo in questa dispensa la soluzione implicita dell'equilibrio economico generale, ma riportiamo alla fine del capitolo degli esercizi svolti con valori numerici.

I valori di equilibrio economico generale di reddito e tasso di interesse, possono essere identificati graficamente in un sistema di assi cartesiani in cui riportiamo le funzioni IS e LM prima studiate. La soluzione del sistema 4.1, corrisponde all'intersezione della curva IS con la LM che si identifica in Figura 4.1 con il punto E, che rintraccia all'asse delle ascisse il valore del reddito di equilibrio Y^* e all'asse delle ordinate il valore del tasso di interesse di equilibrio i^*. Passiamo ora a studiare l'effetto delle politiche fiscali e monetarie sull'equilibrio economico generale. In questo capitolo studieremo solo l'effetto sul grafico di tali politiche, rimandando alla sezione

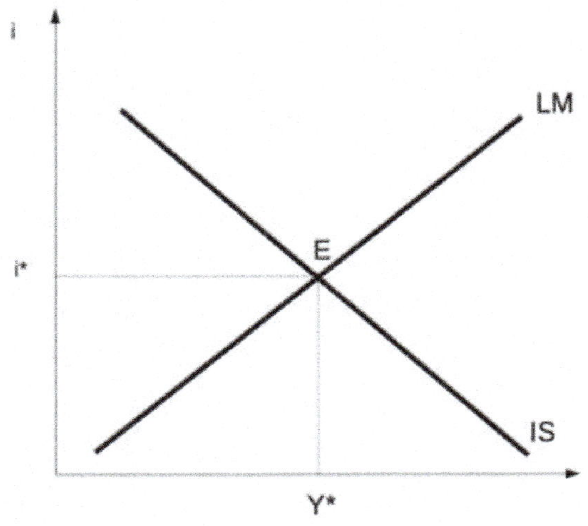

Figura 4.1: L'equilibrio economico generale: soluzione grafica

4.2 per esempi con soluzioni di politiche fiscali e monetarie.

Equilibrio economico generale: politiche fiscali

Quando il Governo decide di effettuare una politica fiscale, sia espansiva che restrittiva, la funzione che si sposta è sempre e soltanto la IS. Come abbiamo visto nel Capitolo 2, in seguito ad una politica fiscale espansiva la IS si sposta in alto a destra, al contrario, in seguito ad una politica fiscale restrittiva, si sposta in basso a sinistra. L'effetto sull'equilibrio economico generale di una politica fiscale espansiva si può studiare in Figura 4.2. Sintetizziamo tutti i passaggi di una politica fiscale espansiva (ad esempio un aumento di G):

1. Un aumento di G fa aumentare la AD; per mantenere l'equilibrio nel mercato dei beni, il reddito di equilibrio nel mercato dei beni deve aumentare;

2. La IS si sposta a destra verso l'alto, identificando un nuovo punto di equilibrio per mezzo dell'intersezione della nuova IS ($IS2$) e la veccchia LM: il nuovo punto è $E2$;

3. Nel nuovo punto di equilibrio $E2$, il reddito è aumentato per effetto dell'aumento della AD: maggiore domanda, maggiore reddito per ristabilire l'equilibrio nel mercato dei beni;

4. Nel nuovo punto di equilibrio $E2$ il tasso di interesse di equilibrio, $i2$ è aumentato: l'aumento del reddito conseguente alla politica fiscale, ha determinato un aumento della domanda di moneta. Nel mercato monetario non ci sono state variazioni della politica della Banca Centrale, quindi per ristabilire l'equilibrio in questo mercato è necessario che cambino le preferenze dei cittadini in merito alla allocazione relativa di titoli e moneta nel loro portafoglio. Per compensare quindi l'aumentata domanda di moneta, dovrà aumentare il tasso di interesse, che incentivando la domanda di titoli invece, permetterà di far riassorbire l'eccesso di domanda di moneta determinato dalla politica fiscale.

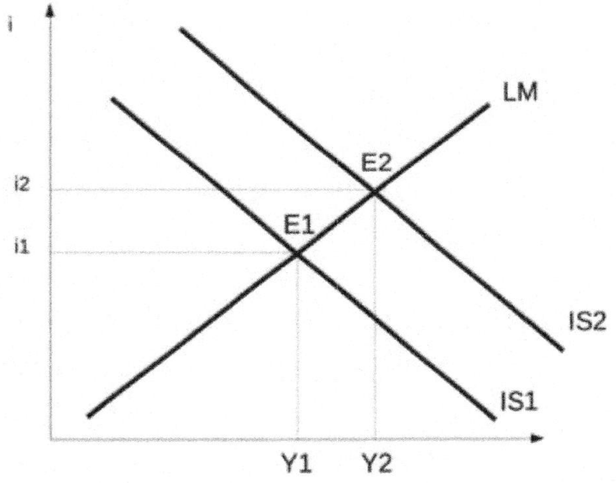

Figura 4.2: Politica fiscale espansiva

Equilibrio economico generale: politiche monetarie

Quando la Banca Centrale decide di effettuare una politica monetaria, sia espansiva che restrittiva, la funzione che si sposta è sempre e soltanto la LM. Come abbiamo visto nel Capitolo 3, in seguito ad una politica monetaria restrittiva, la LM si sposta in alto a sinistra, al contrario, in seguito ad una politica monetaria espansiva, si sposta in basso a destra. L'effetto sull'equilibrio economico generale di una politica monetaria restrittiva si può studiare in Figura 4.3. Sintetizziamo tutti i passaggi di una politica monetaria restrittiva (ad esempio una riduzione di MS):

1. Un riduzione di MS, corrisponde ad una riduzione dell'offerta di moneta; per mantenere l'equilibrio nel mercato della moneta, è necessario che i cittadini adeguino le loro preferenze in relazione alla allocazione relativa di titoli e moneta nel loro portafoglio;

2. Visto che l'offerta di moneta è minore della domanda, è necessario che i cittadini detengano più titoli e meno moneta: di conseguenza il tasso di interesse deve salire per disincentivare la detenzione di moneta e aumentare la desiderabilità di detenere titoli in portafoglio;

3. La LM si sposta a sinistra verso l'alto, identificando un nuovo punto di equilibrio per mezzo dell'intersezione della nuova LM ($LM2$) e la vecchia IS: il nuovo punto è $E2$;

4. Nel nuovo punto di equilibrio $E2$, il tasso di interesse è aumentato per effetto della riduzione dell'offerta di moneta;

5. Nel nuovo punto di equilibrio $E2$ il reddito di equilibrio è sceso fino a $Y2$: l'aumento del tasso di interesse conseguente alla politica monetaria restrittiva, ha determinato uno spiazzamento degli investimenti privati, e una conseguente

riduzione della domanda aggregata, a cui è seguito un adeguamento del reddito di equilibrio verso il basso.

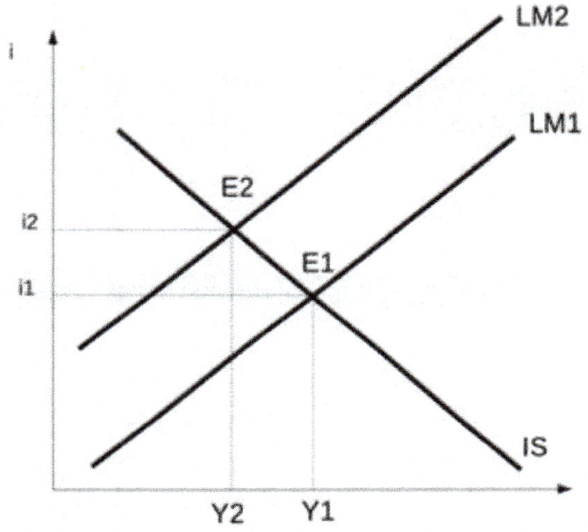

Figura 4.3: Politica monetaria restrittiva

4.1.1 Mix di politiche economiche

Nella sezione precedente abbiamo visto due esempi di politiche economiche effettuate dal Governo o dalla Banca Centrale. Ora proviamo a mettere insieme le due politiche, immaginando che contestualmente le due autorità decidano autonomamente di effettuare delle politiche sia dal lato fiscale che monetario. Combinando politiche fiscali e monetarie, abbiamo quattro casi, i cui effetti sono sostanzialmente la composizione degli effetti delle politiche studiate nel precedente paragrafo e sono sintetizzati nelle Figure 4.4, 4.5, 4.6, 4.7 che seguono.

IS LM

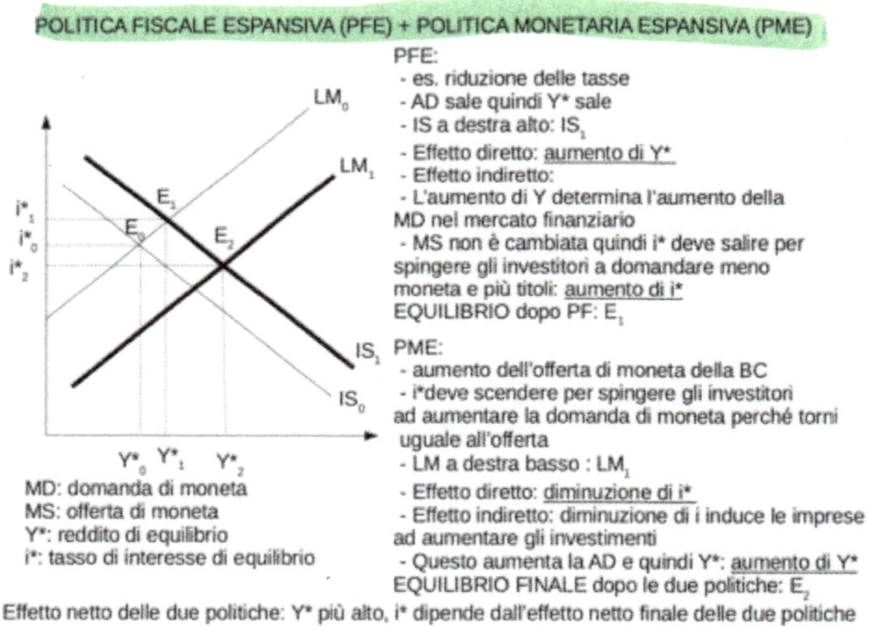

Figura 4.4: Politica fiscale espansiva (PFE) e monetaria espansiva (PME)

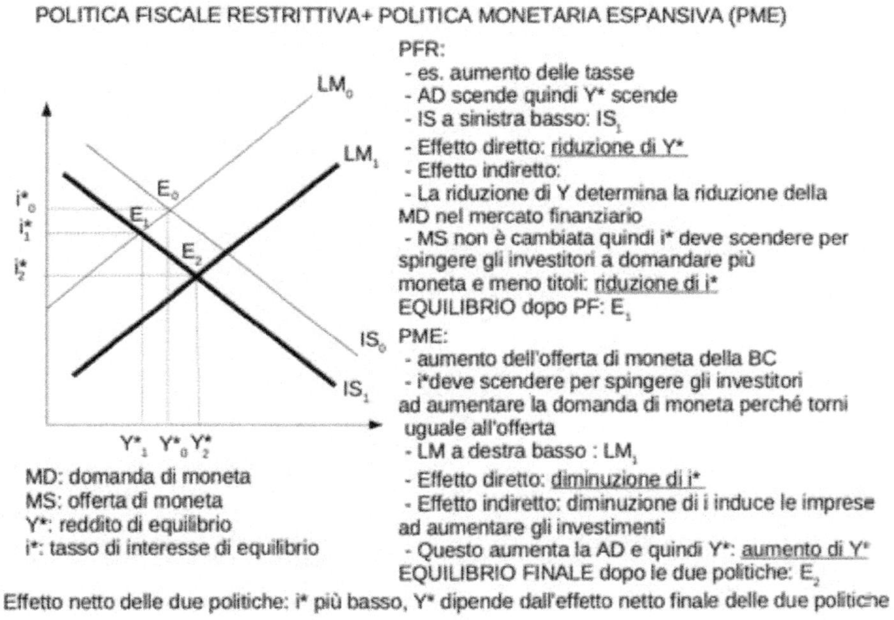

Figura 4.5: Politica fiscale restrittiva (PFR) e monetaria espansiva (PME)

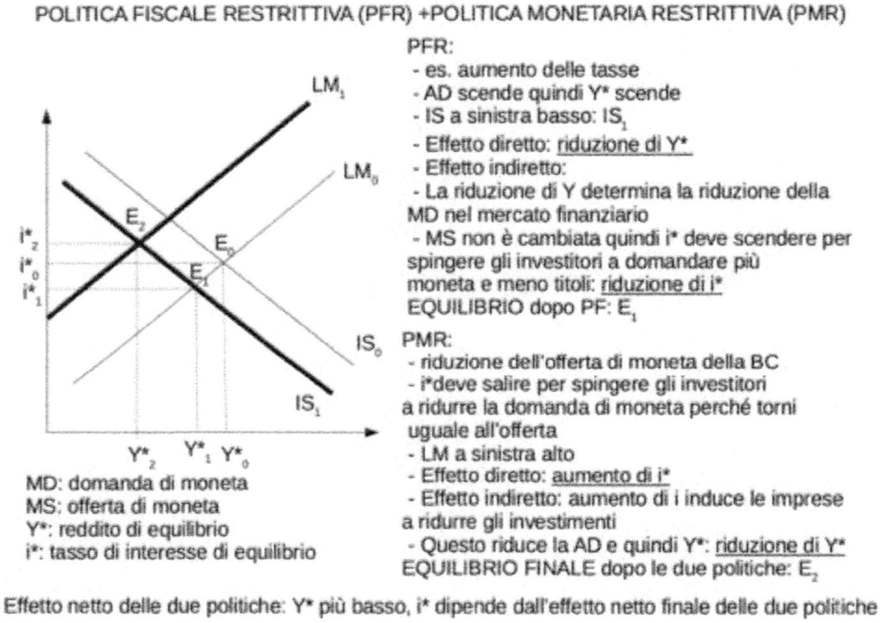

Figura 4.6: Politica fiscale restrittiva (PFR) e monetaria restrittiva (PMR)

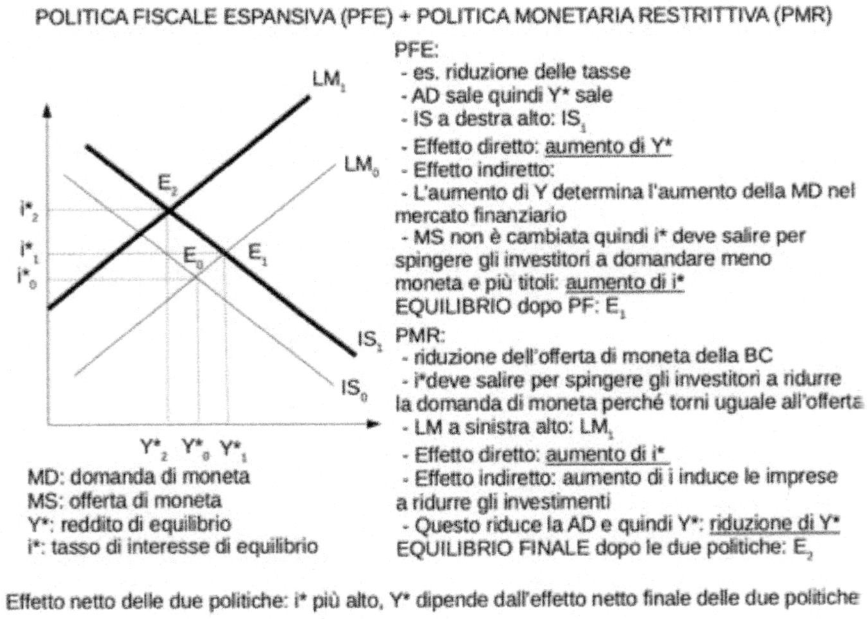

Figura 4.7: Politica fiscale espansiva (PFE) e monetaria restrittiva (PMR)

4.2 Equilibrio economico generale: esercizi

4.2.1 Esercizio 1

Si supponga che un'economia sia caratterizzata dalle seguenti equazioni:

$$C = 400 + 0.5(Y - T) \quad \text{Funzione del consumo} \quad (4.2)$$
$$I = 700 - 4000\,i + 0.1Y \quad \text{Funzione dell'investimento} \quad (4.3)$$
$$G = 200 \quad \text{Spesa pubblica} \quad (4.4)$$
$$T = 200 \quad \text{Tasse} \quad (4.5)$$
$$Md = 05Y - 7500\,i \quad \text{Funzione della domanda di moneta} \quad (4.6)$$
$$Ms = 500 \quad \text{Funzione dell'offerta di moneta} \quad (4.7)$$

1. Calcolare i valori di reddito (Y) e tasso di interesse (i) tali da soddisfare contemporaneamente l'equilibrio nel mercato dei beni e nel mercato della moneta e il valore del bilancio dello Stato. Fornire anche una rappresentazione grafica.

2. Calcolare il valore del bilancio dello Stato (BS).

3. Calcolare il valore di equilibrio economico generale del consumo (C).

4. Calcolare il valore di equilibrio economico generale dell'investimento (I).

5. Calcolare i valori di equilibrio di reddito (Y) e tasso di interesse (i) che si verificano in seguito ad un aumento della spesa pubblica $\Delta G = 500$ (G passa da 200 a 700).

$$G_{nuovo} = G + \Delta G = 200 + 500 = 700 \tag{4.8}$$

6. Come cambiano i valori di equilibrio del consumo (C) e dell'investimento (I)?

7. Fornire una rappresentazione grafica dell'equilibrio IS-LM prima e dopo la politica fiscale. Riportare nel grafico i valori di reddito e tasso di interesse prima e dopo la politica fiscale.

Soluzione

1. Per calcolare i valori di reddito e tasso di interesse di equilibrio, dobbiamo prima identificare le equazioni che rappresentano l'equilibrio nel mercato dei beni (IS) e l'equilibrio nel mercato della moneta (LM) e poi metterle a sistema. Per ottenere l'equazione dell'equilibrio nel mercato dei beni (IS) è necessario eguagliare la domanda aggregata di beni (AD) e l'offerta (la produzione, Y); è necessario poi sostituire nella funzione della AD le componenti specifiche individuate nel testo dell'esercizio e risolvere per Y come funzione di i come segue:

$$\begin{aligned}
IS: Y &= AD = C + I + G \\
Y &= C + I + G \\
Y &= 400 + 0.5(Y - 200) + 700 - 4000\,i + 0.1Y + 200 \\
Y &= 400 + 0.5Y - 0.5 \cdot 200 + 700 - 4000\,i + 0.1Y + 200 \\
Y &= 400 + 0.5Y - 100 + 700 - 4000\,i + 0.1Y + 200 \\
Y &= 400 - 100 + 700 + 200 + 0.5Y + 0.1Y - 4000\,i
\end{aligned}$$

Ora identifichiamo le componenti che costituiscono la condizione di equilibrio:

$$\text{Spesa autonoma} = 400 - 100 + 700 + 200 = 1200$$
$$\text{Componente dipendente dal reddito} = 0.5Y + 0.1Y$$
$$\text{Componente dipendente dal tasso di interesse} = -4000\ i$$

Possiamo semplificare l'equazione facendo le somme; quindi otteniamo la seguente equazione, che dobbiamo risolvere isolando Y a sinistra:

$$\begin{aligned}
Y &= 1200 + 0.6Y - 4000\ i \\
Y - 0.6Y &= 1200 - 4000\ i \\
(1 - 0.6)Y &= 1200 - 4000\ i \\
0.4Y &= 1200 - 4000\ i \\
\frac{1}{0.4}0.4Y &= \frac{1}{0.4}(1200 - 4000\ i) \\
\frac{1}{\cancel{0.4}}\cancel{0.4}Y &= \frac{1}{0.4}(1200 - 4000\ i) \\
Y &= 2.5(1200 - 4000\ i) && \text{Espressione implicita della IS} \\
Y &= 3000 - 10000\ i && \text{Espressione esplicita della IS}
\end{aligned}$$

Come osservabile dalla espressione implicita della IS, il moltiplicatore della spesa autonoma è pari a 2.5. Per trovare la LM devo imporre la condizione di equilibrio nel mercato della moneta, che corrisponde ad eguagliare la domanda di moneta Md all'offerta di moneta Ms e poi sostituendo i valori specifici riportati nel testo dell'esercizio:

$$\begin{aligned}
\text{Md} &= \text{Ms} \\
0.5Y - 7500\,i &= 500 \\
0.5Y &= 7500\,i + 500 \\
\frac{1}{0.5}0.5Y &= \frac{1}{0.5}(7500\,i + 500) \\
\frac{1}{\cancel{0.5}}\cancel{0.5}Y &= \frac{1}{0.5}(7500\,i + 500) \\
Y &= 2(7500\,i + 500) && \text{Espressione implicita della LM} \\
Y &= 15000\,i + 1000 && \text{Espressione esplicita della LM}
\end{aligned}$$

Per trovare i valori di equilibrio economico generale del reddito Y e del tasso di interesse i, dobbiamo risolvere il sistema di equazioni in due incognite composto dalla IS e dalla LM (in questo caso utilizzo le espressioni esplicite delle due equazioni):

$$\begin{aligned}
Y &= 3000 - 10000\,i && \text{IS} \\
Y &= 15000\,i + 1000 && \text{LM}
\end{aligned}$$

Per risolvere il sistema uso in questo caso il metodo del confronto: visto che a sinistra di entrambe le equazioni trovo Y, posso eguagliare anche i membri di destra come segue:

$$
\begin{aligned}
\text{IS} &= \text{LM} && \text{Intersezione tra le due rette}\\
3000 - 10000\, i &= 15000\, i + 1000 \\
10000\, i + 15000\, i &= 3000 - 1000 \\
25000\, i &= 2000 \\
\frac{1}{\cancel{25000}}\cancel{25000}\, i &= \frac{1}{25000}2000 \\
i^* &= \frac{2000}{25000} = 0.08 && \text{Tasso di interesse di equilibrio}
\end{aligned}
$$

Sostituendo il valore di equilibrio del tasso di interesse prima ottenuto nelle espressioni della IS o della LM, otteniamo il valore di equilibrio del reddito. Proviamo a sostituire nella LM il valore i^* prima trovato:

$$
\begin{aligned}
&Y = 1000 + 15000\, i^* = 1000 + 15000 \cdot 0.08 = 1000 + 1200 = 2200 \\
&Y^* = 2200
\end{aligned}
$$

Proviamo ora per controllo a sostituire anche nella IS:

$$
\begin{aligned}
Y &= 3000 - 10000\, i^* \\
Y^* &= 3000 - 10000 \cdot 0.08 = 3000 - 800 = 2200
\end{aligned}
$$

Il valore del reddito di equilibrio è quindi 2200 ed il tasso di interesse è $i = 0.08$ e cioè 8 %.

2. Calcoliamo il valore del bilancio dello Stato: in questo caso non ci sono trasferimenti e le tasse sono una funzione esogena pari ad un ammontare

indipendente dal reddito, quindi:

$$\text{Bilancio dello Stato} : BS = T - G = 200 - 200 = 0$$

3. Per calcolare il valore di equilibrio economico generale del consumo (C) prendiamo la funzione del Consumo, $C = 400 + 0.5(Y - T)$ e sostituiamo il valore del reddito di equilibrio (Y^*) prima identificato:

$$\begin{aligned} Consumo : C &= 400 + 0.5(Y^* - 200) \\ C &= 400 + 0.5(2200 - 200) \\ C^* &= 400 + 0.5 \cdot 2000 = 400 + 1000 = 1400 \end{aligned}$$

4. Per calcolare il valore di equilibrio economico generale dell'investimento (I) prendiamo la funzione dell'Investimento $I = 700 - 4000\,i + 0.1Y$ e sostituiamo il valore del reddito di equilibrio ($Y^* = 2200$) e del tasso di interesse di equilibrio ($i^* = 0.08$) prima identificati:

$$\begin{aligned} Investimento : I &= 700 - 400\,i^* + 0.1Y^* \\ I &= 700 - 4000 \cdot 0.08 + 0.1 \cdot 2200 \\ I &= 700 - 320 + 220 \\ I^* &= 600 \end{aligned}$$

5. Per calcolare i valori di equilibrio di reddito (Y) e tasso di interesse (i) che si verificano in seguito ad un aumento della spesa pubblica $\Delta G = 500$, dobbiamo sostituire il nuovo valore della spesa pubblica nella espressione della IS. Possiamo

replicare tutti i calcoli oppure ricordare che, prendendo l'espressione implicita della IS, è sufficiente aumentare la componente della spesa autonoma.
Attenzione ! Bisogna aumentare la spesa pubblica usando solo l'espressione implicita, non quella esplicita usata per calcolare l'equilibrio; questo perché l'incremento di spesa autonomo deve essere moltiplicato per il moltiplicatore, cosa possibile solo usando la versione implicita.

$$\begin{aligned} Y &= 2.5(1200 - 4000\, i) && \text{IS vecchia (implicita)} \\ Y &= 2.5(1200 + 500 - 4000\, i) && \text{IS nuova (implicita)} \\ Y &= 2.5(1700 - 4000\, i) && \text{IS nuova (implicita)} \\ Y &= 4250 - 10000\, i && \text{IS nuova (esplicita)} \end{aligned}$$

Per calcolare l'equilibrio dobbiamo eguagliare la nuova IS alla vecchia LM (che non cambia perché la politica fiscale non influenza la LM) e risolvere come prima:

$$\begin{aligned} \text{IS nuova} &= \text{LM vecchia} \\ 4250 - 10000\, i &= 1000 + 15000\, i \\ 4250 - 1000 &= 10000\, i + 15000\, i \\ 25000\, i &= 3250 \\ \frac{\cancel{25000}}{\cancel{25000}}\, i &= \frac{3250}{25000} \\ i^* &= \frac{3250}{25000} = 0.13 && \text{Nuovo tasso di interesse di equilibrio} \end{aligned}$$

Per ottenere il nuovo valore del reddito di equilibrio possiamo sostituire il valore del tasso di interesse di equilibrio nella LM:

$$Y = 1000 + 15000\, i^*$$
$$Y = 1000 + 15000 \cdot 0.13$$
$$Y^* = 1000 + 1950 = 2950$$

Il nuovo valore del reddito è 2950.

6. Per verificare i nuovi valori di consumo e investimento di equilibrio dobbiamo, come prima, sostituire reddito e tasso di interesse di equilibrio nelle rispettive funzioni di consumo e investimento in cui appaiono.
Nella funzione del consumo sostituiamo il reddito:

$$Consumo : C = 400 + 0.5(Y^* - 200)$$
$$C = 400 + 0.5(2950 - 200)$$
$$C = 400 + 0.5 \cdot 2750$$
$$C^* = 400 + 1375 = 1775$$

mentre nella funzione di investimento sostituiamo entrambi:

$$Investimento : I = 700 - 4000 \cdot i^* + 0.1 \cdot Y^*$$
$$I = 700 - 4000 \cdot 0.13 + 0.1 \cdot 2950$$
$$I^* = 700 - 520 + 295 = 475$$

7. Fornire una rappresentazione grafica dell'equilibrio IS-LM prima e dopo la politica fiscale. Indicare nel grafico i valori di reddito e tasso di interesse prima e dopo la politica fiscale ($Y^*, Y^{*'}$ e $i^*, i^{*'}$).

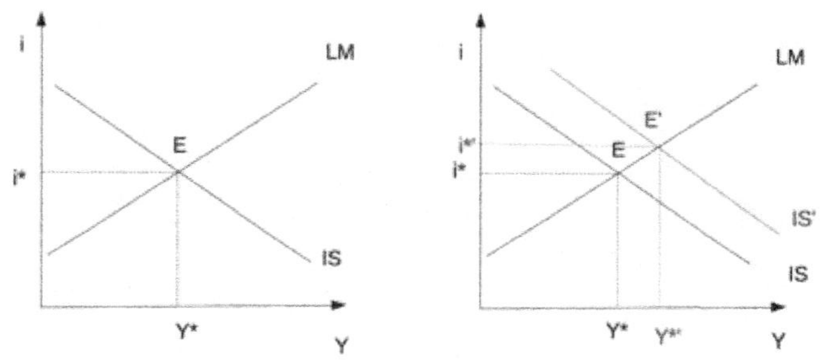

Figura 4.8: Politica fiscale espansiva

4.2.2 Esercizio 2

Si supponga che un'economia sia caratterizzata dalle seguenti equazioni:

$$C = 280 + 0.25(Y - T) \quad \text{Funzione del consumo} \tag{4.9}$$

$$I = 1000 + 0.35Y - 4000\,i \quad \text{Funzione dell'investimento} \tag{4.10}$$

$$G = 400 \quad \text{Spesa pubblica} \tag{4.11}$$

$$T = 450 \quad \text{Tasse} \tag{4.12}$$

$$Md = 2Y - 10000\,i \quad \text{Domanda di moneta} \tag{4.13}$$

$$Ms = 5000 \quad \text{Offerta di moneta} \tag{4.14}$$

1. Calcolate i valori di reddito (Y) e tasso di interesse (i) di equilibrio economico generale.

2. Calcolare il valore del bilancio dello Stato (BS).

3. Calcolare i valori di equilibrio di consumo (C) e investimento (I).

4. Calcolare i valori di equilibrio di reddito (Y) e tasso di interesse (i) che si verificano in seguito ad un aumento della offerta di moneta di 1000, la quale passa da 5000 a 6000.

$$Ms_{nuova} = Ms + \Delta Ms = 5000 + 1000 = 6000 \tag{4.15}$$

5. Riportare in un grafico IS-LM gli equilibri prima e dopo la politica monetaria, indicandoli con E ed E'.

Soluzione

1. Per calcolare i valori di reddito e tasso di interesse di equilibrio dobbiamo prima identificare le equazioni che rappresentano l'equilibrio nel mercato dei beni (IS) e l'equilibrio nel mercato della moneta (LM) e poi metterle a sistema. Partiamo dalla prima: l'equazione dell'equilibrio nel mercato dei beni (IS) si ottiene eguagliando la domanda aggregata di beni (AD) e l'offerta (la produzione, Y), sostituendo nella funzione della AD le componenti specifiche individuate nel testo dell'esercizio e risolvendo per Y come funzione di i, come segue:

$$
\begin{aligned}
IS: Y &= AD = C + I + G \\
Y &= C + I + G \\
Y &= 280 + 0.25(Y - 450) + 1000 - 4000\,i + 0.35Y + 400 \\
Y &= 280 + 0.25Y - 0.25 \cdot 450 + 1000 + 0.35Y - 4000\,i + 400 \\
Y &= 280 - 0.25 \cdot 450 + 1000 + 400 + 0.25Y + 0.35Y - 4000\,i \\
Y &= 280 - 112.5 + 1000 + 400 + 0.6Y - 4000\,i \\
Y - 0.6Y &= 1567.5 - 4000\,i \\
(1 - 0.6)Y &= 1567.5 - 4000\,i \\
\frac{\cancel{0.4}}{\cancel{0.4}}Y &= \frac{1}{0.4}(1567.5 - 4000\,i) \\
Y &= 2.5(1567.5 - 4000\,i) && \text{Espressione implicita della IS} \\
Y &= 3918.75 - 10000\,i && \text{Espressione esplicita della IS}
\end{aligned}
$$

Identifichiamo le componenti della IS:

$$\text{Spesa autonoma} = 280 - 112.5 + 1000 + 400 = 1567.5$$
$$\text{Componente dipendente dal reddito} = 0.25Y + 0.35Y$$
$$\text{Componente dipendente dal tasso di interesse} = -4000\, i$$
$$\text{Moltiplicatore della spesa autonoma} : 2.5$$

Ora dobbiamo ottenere l'espressione per la LM; è necessario eguagliare l'offerta e la domanda di moneta, sostituendo i valori presenti nel testo dell'esercizio e risolvere l'equazione come segue:

$$
\begin{aligned}
\text{Md} &= \text{Ms} \\
2Y - 10000\, i &= 5000 \\
2Y &= 5000 + 10000\, i \\
\frac{2}{2}Y &= \frac{1}{2}(5000 + 10000\, i) \\
\frac{1}{\not 2}\not 2Y &= 0.5(5000 + 10000\, i) \\
Y &= 0.5(5000 + 10000\, i) && \text{Espressione implicita della LM} \\
Y &= 2500 + 5000\, i && \text{Espressione esplicita della LM}
\end{aligned}
$$

Per trovare i valori di equilibrio economico generale del reddito Y e del tasso di interesse i, dobbiamo risolvere il sistema di equazioni in due incognite composto dalla IS e dalla LM (in questo caso utilizziamo le epsressioni esplicite):

$$
\begin{aligned}
Y &= 3918.75 - 10000\, i && \text{IS} \\
Y &= 2500 + 5000\, i && \text{LM}
\end{aligned}
$$

Eguagliamo i due membri di destra come segue:

$$
\begin{aligned}
3918.75 - 10000i &= 2500 + 5000\,i \\
10000\,i + 5000\,i &= 3918.75 - 2500 \\
15000\,i &= 1418.75 \\
\frac{1}{\cancel{15000}}\cancel{15000}\,i &= \frac{1}{15000}1418.75 \\
i^* &= \frac{1418.75}{15000} = 0.0946 \\
&\text{Tasso di interesse di equilibrio } = 9.46\%
\end{aligned}
$$

Sostituendo il valore di equilibrio del tasso di interesse ottenuto nelle espressioni della IS o della LM otteniamo il valore di equilibrio del reddito. Proviamo a sostituire nella LM il valore i^* trovato (non usiamo la percentuale ma direttamente 0.095):

$$
\begin{aligned}
&Y = 2500 + 5000\,i^* = 2500 + 5000 \cdot 0.095 = 2500 + 475 = 2975 \\
&Y^* = 2975
\end{aligned}
$$

Proviamo ora per controllo a sostituire anche nella IS:

$$
\begin{aligned}
Y &= 3918.75 - 10000\,i^* \\
Y &= 3918.75 - 10000 \cdot 0.095 \\
Y^* &= 3918.75 - 950 = 2988.75
\end{aligned}
$$

I due valori sono simili ma non coincidono. La ragione alla base di ciò è relativa al fatto che abbiamo usato un'approssimazione del valore del tasso di interesse

(0.095) anzichè il suo reale valore, che ammonta a $i^* = 0.09458333 = \frac{1418.75}{15000}$. Se invece del valore approssimato usiamo la frazione, otteniamo:

$$Y = 2500 + 5000\, i^*$$
$$Y = 2500 + 5000 \cdot \frac{1418.75}{15000}$$
$$Y^* = 2500 + 472.92 = 2972.92 \qquad \text{IS}$$

$$Y = 3918.75 - 10000\, i^*$$
$$Y = 3918.75 - 10000 \cdot \frac{1418.75}{15000}$$
$$Y^* = 3918.75 - 945.833 = 2972.92 \qquad \text{LM}$$

che conferma la validità del nostro risultato. Nonostante questo, è comunque possibile usare il valore decimale approssimato; l'importante è essere consapevoli della ragione di tale discrepanza.

2. Bilancio dello Stato: $BS = T - G = 450 - 400 = 50$.
   Il bilancio dello Stato si trova in avanzo.

3. Per calcolare il valore di equilibrio economico generale del consumo (C), prendiamo la funzione del Consumo, $C = 280 + 0.25(Y - T)$ e sostituiamo il valore del reddito di equilibrio (Y^*) prima identificato:

$$Consumo: C = 280 + 0.25(Y^* - 450)$$
$$C^* = 280 + 0.25(2972.92 - 450) = 910.73$$

Per calcolare il valore di equilibrio economico generale dell'investimento (I), prendiamo la funzione dell'investimento $I = 1000 - 4000\,i + 0.35Y$ e sostituiamo i valori del reddito di equilibrio Y^* e tasso di interesse i^*, prima identificati:

$$Investimento: I = 700 - 4000\,i^* + 0.1Y^*$$

$$I^* = 700 - 4000 \cdot 0.0946 + 0.1 \cdot 2972.92 = 618.89$$

4. Per ottenere i nuovi valori di equilibrio dobbiamo sostituire il nuovo valore dell' offerta di moneta nell' espressione della LM. Posso replicare tutti i calcoli oppure ricordare che, prendendo l'espressione implicita della LM, possiamo semplicemente aumentare la componente dell'offerta di moneta.
   Attenzione ! Bisogna aumentare l'offerta di moneta usando solo l'espressione implicita della LM; visto invece che non ci sono variazioni per la IS, utilizzeremo la vecchia espressione della IS.
   Di seguito riportiamo le equazioni della LM:

$$Y = 0.5(5000 + 10000\,i) = 2500 + 5000\,i \qquad \text{LM vecchia}$$

$$Y = 0.5(6000 + 10000\,i) = 3000 + 5000\,i \qquad \text{LM nuova}$$

Imponiamo la condizione di equilibrio corretta, con la nuova LM:

$$\begin{aligned}
\text{LM nuova} &= \text{IS vecchia} \\
3000 + 5000\, i &= 3918.75 - 10000\, i \\
(10000 + 5000)\, i &= 3918.75 - 3000 \\
15000\, i &= 918.75 \\
\frac{\cancel{15000}}{\cancel{15000}}\, i &= \frac{1}{15000} 918.75 \\
i &= \frac{918.75}{15000} = 0.06125 \\
i^* &= 6.13\%
\end{aligned}$$

Sostituendo nella IS o nella LM il valore del tasso di interesse, come segue, si ottiene il valore del reddito di equilibrio:

$$Y = 3000 + 5000\, i^* = 3000 + 5000 \cdot 0.06125 = 3000 + 306.25 = 3306.25$$
$$Y^* = 3306.25$$

5. Verifichiamo come cambiano consumi e investimenti in seguito alla politica monetaria, sostituendo i nuovi valori di equilibrio di reddito (Y^*) e tasso di interesse (i^*) nelle funzioni di consumo e di investimento. Per i consumi:

$$\begin{aligned}
Consumo: C &= 280 + 0.25(Y^* - 450) \\
C &= 280 + 0.25(3306.25 - 450) \\
C^* &= 994.06
\end{aligned}$$

Per gli investimenti:

$$\begin{aligned} Investimento : I &= 1000 - 4000\, i^* + 0.35Y^* \\ I &= 1000 - 4000 \cdot 0.06125 + 0.35 \cdot 3306.25 \\ I^* &= 1000 - 245 + 1157.18 = 1912.19 \end{aligned}$$

La politica monetaria espansiva ha fatto aumentare sia il consumo che l'investimento. I consumi aumentano per effetto dell 'aumento del reddito, gli investimenti aumentano per due ragioni quali l'aumento del reddito e la riduzione del tasso di interesse.

6. Nel seguente grafico riportiamo l'equilibrio economico generale prima e dopo la politica monetaria espansiva.

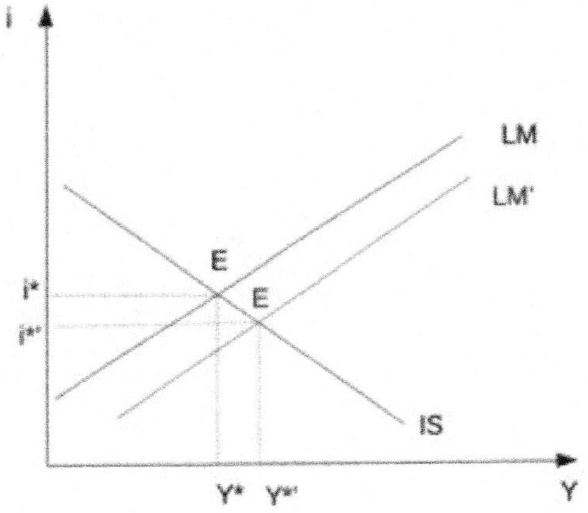

Figura 4.9: Politica monetaria espansiva

4.2.3 Esercizio 3

Si supponga che un'economia sia caratterizzata dalle seguenti equazioni:

$$C = 500 + 0.6(Y - T) \quad \text{Funzione del consumo} \tag{4.16}$$

$$I = 800 - 400\,i + 0.1Y \quad \text{Funzione dell'investimento} \tag{4.17}$$

$$G = 250 \quad \text{Spesa pubblica} \tag{4.18}$$

$$T = 200 \quad \text{Tasse} \tag{4.19}$$

$$Md = 0.5Y - 7500\,i \quad \text{Domanda di moneta} \tag{4.20}$$

$$Ms = 400 \quad \text{Offerta di moneta} \tag{4.21}$$

1. Calcolare i valori di reddito (Y) e tasso di interesse (i) di equilibrio economico generale.

2. Calcolare il valore del bilancio dello Stato (BS).

3. Calcolare i valori di equilibrio di consumo (C) e investimento (I) di equilibrio economico generale.

4. Ipotizzando una politica fiscale espansiva che vede un aumento di G pari a 500, calcolare il nuovo livello di equilibrio economico generale di reddito, tasso di interesse, consumi, investimenti, e bilancio dello Stato.
   La spesa pubblica (G) passa dunque da 250 a 750.

$$G_{nuova} = G + \Delta G = 250 + 500 = 750 \tag{4.22}$$

5. Riportare in un grafico la situazione di equilibrio economico generale prima e dopo la politica fiscale espansiva, indicando i valori di reddito e di tasso di interesse di equilibrio prima e dopo come Y^*e $Y^{*'}$ e i^* e $i^{*'}$.

Soluzione

1. Per calcolare il valore di equilibrio economico generale di reddito e tasso di interesse dobbiamo identificare le equazioni di equilibrio di mercato dei beni e della moneta e poi metterle a sistema.
   Cominciamo con il mercato dei beni e la curva IS:

$$\begin{aligned}
IS: Y &= AD = C + I + G \\
Y &= C + I + G \\
Y &= 500 + 0.6(Y - 200) + 800 - 400\ i + 0.1Y + 250 \\
Y &= 500 + 0.6 \cdot Y - 0.6 \cdot 200 + 800 - 400\ i + 0.1Y + 250 \\
Y &= 500 - 120 + 800 + 250 + 0.7Y - 400\ i \\
Y - 0.7Y &= 1430 - 400\ i \\
(1 - 0.7)Y &= 1430 - 400\ i \\
\frac{\cancel{0.3}}{\cancel{0.3}} Y &= \frac{1}{0.3}(1430 - 400\ i) \\
Y &= 3.\overline{3} \cdot (1430 - 400\ i) \qquad \text{Espressione implicita della IS} \\
Y &= 4766.7 - 1333.4\ i \qquad \text{Espressione esplicita della IS}
\end{aligned}$$

Spesa autonoma $= 400 - 100 + 700 + 200 = 1200$

Componente dipendente dal reddito $= 0.7Y$

Componente dipendente dal tasso di interesse $= -400\, i$

Moltiplicatore della spesa autonoma $= \dfrac{1}{0.3} = 3.\overline{3}$

Per ottenere la LM devo eguagliare l'offerta e la domanda di moneta e risolvere per Y come segue:

$$
\begin{aligned}
\text{Md} &= \text{Ms} \\
0.5Y - 7500\, i &= 400 \\
0.5Y &= 7500\, i + 400 \\
\frac{\not{0.5}}{\not{0.5}}Y &= \frac{1}{0.5}(7500\, i + 400) \\
Y &= 2(7500\, i + 400) && \text{Espressione implicita della LM} \\
Y &= 15000\, i + 800 && \text{Espressione esplicita della LM}
\end{aligned}
$$

Per trovare i valori di equilibrio economico generale del reddito Y e del tasso di interesse i, devo risolvere il sistema di equazioni in due incognite composto dalla IS e dalla LM:

$$
\begin{aligned}
Y &= 4766.7 - 1333.4\, i && \text{Espressione esplicita della IS} \\
Y &= 15000\, i + 800 && \text{Espressione esplicita della LM}
\end{aligned}
$$

e quindi:

$$
\begin{aligned}
4766.7 - 1333.4\, i &= 15000\, i + 800 \\
4766.7 - 800 &= (1333.4 + 15000)\, i \\
3966.7 &= 16333.4\, i \\
\frac{3966.7}{16333.4} &= \frac{\cancel{16333.4}}{\cancel{16333.4}}\, i \\
i^* &= 0.24 \\
\text{Tasso di interesse di equilibrio } &= 24\%
\end{aligned}
$$

Sostituendo il valore di equilibrio del tasso di interesse prima ottenuto nelle espressioni della IS o della LM, otteniamo il valore di equilibrio del reddito. Proviamo a sostituire nella LM il valore i^* prima trovato:

$$
\begin{aligned}
&Y = 15000\, i^* + 800 = 15000 \cdot 0.24 + 800 = 3600 + 800 = 4400 \\
&Y^* = 4400
\end{aligned}
$$

Proviamo ora per controllo a sostituire anche nella IS:

$$
\begin{aligned}
&Y = 4766.7 - 1333.4\, i^* = 4766.7 - 1333.4 \cdot 0.24 = 4446.684 \\
&Y^* = 4446.684
\end{aligned}
$$

Anche in questo caso i due valori non coincidono esattamente a causa dell'utilizzo di un valore approssimato nei parametri della IS. Visto che ormai sappiamo che si tratta di un problema di calcolo numerico, possiamo fidarci del risultato.

2. Calcoliamo il valore del bilancio dello Stato:

$$\text{Bilancio dello Stato} : BS = T - G = 200 - 250 = -50$$

Il bilancio dello Stato si trova in disavanzo visto che le tasse sono minori della spesa pubblica.

3. Per calcolare il valore di equilibrio economico generale del consumo (C), prendiamo la funzione del Consumo $C = 500 + 0.6(Y - T)$ e sostituiamo il valore del reddito di equilibrio (Y^*) prima identificato (utilizziamo per comodità il valore non approssimato ottenuto dalla LM):

$$\begin{aligned} Consumo : C &= 500 + 0.6(Y^* - 200) \\ C &= 500 + 0.6(4400 - 200) \\ C^* &= 3020 \end{aligned}$$

Per calcolare il valore di equilibrio economico generale dell'investimento (I), prendiamo la funzione dell'investimento $I = 800 - 400\ i + 0.1Y$ e sostituiamo il valore del reddito di equilibrio (Y^*) e del tasso di interesse di equilibrio (i^*) prima identificati:

$$\begin{aligned} Investimento : I &= 800 - 400\ i^* + 0.1Y^* \\ I &= 800 - 400 \cdot 0.24 + 0.1 \cdot 4400 \\ I &= 800 - 96 + 440 \\ I^* &= 1144 \end{aligned}$$

4. Per ottenere i nuovi livelli di reddito e tasso di interesse di equilibrio dobbiamo

sostituire il nuovo valore della spesa pubblica ($G_{nuova} = 750$) nella espressione della IS. Possiamo replicare tutti i calcoli oppure ricordare che, prendendo la espressione implicita della IS, posso semplicemente aumentare la componente della spesa autonoma. **Attenzione!** Bisogna aumentare la spesa pubblica usando solo l'espressione implicita e non quella esplicita usata per calcolare l'equilibrio; questo perché l'incremento di spesa autonomo deve essere moltiplicato per il moltiplicatore, cosa possibile solo usando la versione implicita.
Vecchia IS (espressione implicita):

$$Y = 3.\overline{3} \cdot (1430 - 400\, i)$$

Nuova spesa autonoma = 1430 + 500 = 1930
Nuova IS (espressione implicita):

$$Y = 3.\overline{3} \cdot (1930 - 400\, i)$$

Per calcolare il nuovo equilibrio dobbiamo eguagliare la nuova IS alla vecchia LM (che non cambia perché la politica fiscale non influenza la LM) e risolvere come prima:

$$\begin{aligned}
\text{IS nuova} &= \text{LM vecchia} \\
3,\overline{3}(1930 - 400\, i) &= 15000\, i + 800 \\
6433.3 - 1333.3\, i &= 15000\, i + 800 \\
15000\, i + 1333.3\, i &= 6433.3 - 800 \\
16333.3\, i &= 5633.3 \\
\frac{\cancel{16333.3}}{\cancel{16333.3}}\, i &= \frac{5633.3}{16333.3} \\
i^* &= 0.35
\end{aligned}$$

$$\text{Nuovo tasso di interesse di equilibrio} = 35\%$$

Sostituendo tale valore nella LM (o indifferentemente nella IS), otteniamo il nuovo valore del reddito di equilibrio :

$$\begin{aligned}
Y &= 15000\, i^* + 800 = 15000 \cdot 0.35 + 800 = 6050 \\
Y^* &= 6050
\end{aligned}$$

Possiamo ora determinare come cambiano i valori di equilibrio del consumo (C) e dell'investimento (I) a seguito della politica fiscale sostituendo (Y^*) e (i^*).

$$\begin{aligned}
Consumo: C &= 500 + 0.6(Y^* - 200) \\
C &= 500 + 0.6(6050 - 200) \\
C^* &= 4010
\end{aligned}$$

$$Investimento : I = 800 - 400\, i^* + 0.1Y^*$$
$$I = 800 - 400 \cdot 0.35 + 0.1 \cdot 6050$$
$$I^* = 800 - 140 + 605 = 1265$$

Calcoliamo il nuovo valore del bilancio dello Stato :

$$\text{Bilancio dello Stato} : BS = T - G = 200 - 750 = -550$$

Il bilancio dello Stato si trova in un disavanzo peggiore, visto che le tasse sono rimaste eguali e la spesa pubblica ha visto un aumento.
Confrontiamo i valori di equilibrio prima e dopo la politica fiscale espansiva: Nella tabella si evidenzia come il valore del reddito di equilibrio, in seguito

Variabili	PRIMA della politica	DOPO la politica
G	250	750
Moltiplicatore	$3.\overline{3}$	$3.\overline{3}$
Y	4400	6050
i	0.24	0.35
C	3020	4010
I	1144	1265
Bilancio dello stato	-50	-550

Tabella 4.1: Valori di equilibrio prima e dopo la PFE

all'aumento della spesa pubblica (politica fiscale espansiva) sia aumentato, coerentemente con quanto atteso dalla teoria. A sua volta, il tasso di interesse è aumentato. Come ci si attendeva, il valore del consumo è aumentato: il consumo dipende solo dal reddito quindi se il reddito aumenta, il consumo di equilibrio non può che aumentare. Il valore di equilibrio dell'investimento è aumentato: questo risultato non è scontato. Infatti,in seguito ad una politica fiscale espansiva, sia il reddito che il tasso di interesse aumentano: questi due aumenti influenzano la funzione dell'investimento in maniera opposta. Infatti l'aumento del reddito porta ad un aumento degli investimenti (il coefficiente legato dal reddito nella funzione dell'investimento è positivo) mentre l'aumento del tasso di interesse porta ad una riduzione degli investimenti (il coefficiente legato al tasso di interesse nella funzione dell'investimento è negativo). Questi due effetti contrastanti potrebbero portare ad un aumento o ad una diminuzione dell'investimento in seguito ad una politica fiscale: in questo caso si dice che l'effetto di una politica fiscale sugli investimenti è ambiguo. Nel nostro caso, avendo i parametri per fare i calcoli, abbiamo verificato che l'effetto finale è positivo, quindi l'effetto negativo legato all'aumentato tasso di interesse è stato più che controbilanciato dall'effetto positivo generato dal maggiore reddito.

5. Nel seguente grafico riportiamo la situazione di equilibrio economico generale prima e dopo la politica fiscale espansiva:

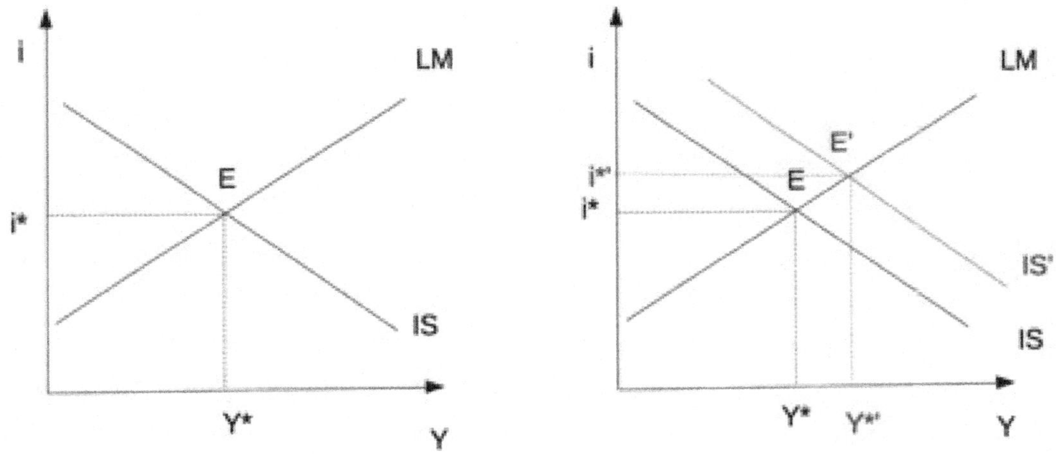

Figura 4.10: Politica fiscale espansiva

Capitolo 5

Economia aperta

5.1 Il tasso di cambio

Fino ad ora abbiamo considerato le componenti della domanda che riguardano le attività che vengono prodotte all'interno di un paese. In questa sezione studieremo quelle attività che invece comportano uno scambio tra un paese e l'altro e cioè le esportazioni e le importazioni.

Le esportazioni rappresentano la quota di produzione realizzata nel nostro paese che viene venduta all'estero. Le esportazioni costituiscono produzione interna e quindi fanno parte del PIL. Sono di conseguenza anche componente attiva della domanda aggregata.

Per rappresentare le esportazioni definiamo una funzione delle esportazioni. La funzione delle esportazioni dipende da due fattori: il reddito estero e il tasso di cambio.

Il reddito estero costituisce la produzione e quindi la ricchezza di un altro paese che ha rapporti commerciali con il nostro: maggiore la ricchezza del paese estero, maggiore la sua domanda per beni di consumo. Se il mercato di questo paese è aperto agli scambi con l'estero, la sua domanda aggregata si rivolge sia a beni prodotti internamente al paese che a beni prodotti all'estero e quindi influenza positivamente la domanda di beni prodotti dal nostro paese e destinati all'estero. I prodotti domestici, venduti all'estero sono le esportazioni che quindi vengono influenzate positivamente dal reddito estero.

La seconda variabile che influenza le esportazioni è il tasso di cambio, elemento molto importante per la determinazione delle esportazioni: il tasso di cambio è il prezzo di una valuta in termini di un'altra. Parleremo nel dettaglio del tasso di cambio nel prossimo paragrafo.

Introduciamo invece brevemente anche le importazioni. Esse sono la quota di produzione realizzata da paesi esteri che viene consumata nel nostro paese. Visto che non si tratta di produzione interna, le importazioni sono scorporate dal PIL ed entrano nella funzione di domanda con un segno meno. Ma sono comunque presenti nella funzione di domanda e quindi è necessario studiarne il comportamento. Le importazioni si comportano in maniera simmetrica alle esportazioni perchè dipendono dal reddito interno e non dal reddito estero: esse sono infatti consumi delle persone che vivono nel nostro paese ma di beni prodotti all'estero. Maggiore il reddito domestico, maggiori le importazioni. Dipendono egualmente dal tasso di cambio ma in maniera speculare alle esportazioni. Vedremo in seguito il motivo.

E' necessario a questo punto entrare nel dettaglio del tasso di cambio per comprendere come questo influenzi esportazioni ed importazioni. Vedremo inoltre che il tasso di cambio influenza anche la politica monetaria.

5.1.1 Il tasso di cambio nominale

DEFINIZIONE **18.** *Il tasso di cambio nominale rappresenta il prezzo di una valuta in termini di un'altra.*

Visto che il tasso di cambio è il prezzo di una valuta in termini di un'altra, e quindi coinvolge due valute, può essere definito in due modi:

1. Numero di unità di valuta domestica che possono essere scambiate per una unità di valuta estera. Se ad esempio il paese domestico è l'Italia, il tasso di cambio euro-dollaro si definisce come €0.85 per 1$. L'espressione matematica che utilizziamo per indicare questo cambio è $E_{€/\$}$.

2. Il numero di unità di valuta estera che possono essere scambiate per una unità di valuta domestica. Per esempio, il tasso di cambio 1.15 €/$ può essere espresso come $1.15 per 1 €. L'espressione matematica che utilizziamo per indicare questo cambio è $E_{\$/€} = 1.15$.

Per ogni coppia di valute è sempre vera la seguente relazione:

$$E_{\$/€} = \frac{1}{E_{€/\$}}.$$

E' fondamentale sapere quale delle due quotazioni stiamo utilizzando e fare attenzione a comprendere quale sia il paese domestico e quale quello estero, rispetto ai quali il tasso di cambio in questione è definito.

In questo libro useremo la prima definizione e cioè numero di unità di valuta domestica per 1 unità di valuta estera. Consideriamo inoltre il paese domestico come l'Italia e quindi la valuta domestica sarà sempre l'euro. Questa semplificazione ci aiuta a non fare confusione, ma ricordiamo che nelle quotazioni delle valute di tutto il mondo, vengono utilizzate entrambe le definizioni.

Apprezzamento e deprezzamento. Il mercato dei cambi

DEFINIZIONE **19.** *Quando una valuta compra una unità maggiore di unità di una valuta estera si verifica un apprezzamento. Il tasso di cambio in questo caso si riduce.*

Perchè? Proviamo a fare un ragionamento. Se la valuta si apprezza vuol dire che 'vale' relativamente di più rispetto all'altra: la nostra valuta compra più valuta estera rispetto a prima. Se il tasso di cambio è definito come il numero di unità di valuta domestica necessarie per acquistare una unità di valuta estera, nel caso dell'apprezzamento ci vorranno meno unità di valuta domestica per acquistare valuta estera, visto che la valuta domestica vale di più ora. In questo caso il cambio è sceso.
Ad esempio, se l'euro si è apprezzato e quindi il tasso di cambio euro/dollaro scende, compro lo stesso dollaro con una quantità minore di euro.

DEFINIZIONE **20.** *Quando una valuta compra una unità minore di unità di una valuta estera si verifica un deprezzamento. Il tasso di cambio in questo caso aumenta.*

Nel caso del deprezzamento, la valuta domestica perde di valore, quindi per acquistare lo stesso dollaro di prima, avremo bisogno di una quantità maggiore di euro. In questo caso il tasso di cambio sale.

Attenzione: le definizioni di apprezzamento e deprezzamento sono valide per entrambe le definizioni di tasso di cambio. Apprezzamento indica sempre che la valuta ha aumentato il suo valore rispetto ad un'altra e viceversa il deprezzamento. D'altro canto, il tasso di cambio aumenta nel caso del deprezzamento e si riduce nel caso dell'apprezzamento, solo se utilizziamo la prima definizione; il contrario accade con la seconda definizione. In ogni caso in questo libro abbiamo deciso di utilizzare sempre la prima definizione per maggiore coerenza, quindi avremo sempre un aumento del tasso di cambio in seguito ad un deprezzamento della valuta domestica e viceversa.

Il valore di una valuta rispetto ad un'altra cambia come risposta ad un meccanismo di mercato. Ogni giorno, ogni minuto, ogni secondo, vengono effettuate in tutto il mondo transazioni relative ai cambi di valuta nel mercato dei cambi in inglese FOREX (Foreign Exchange Market). Quando due valute sono scambiate nel mercato, il tasso di cambio è il prezzo a cui tale scambio viene effettuato, prezzo che è determinato quindi come risultato di scambi commerciali. Il mercato dei cambi è un mercato 'over the counter': gli scambi avvengono tra due parti in numerosi luoghi di scambio intorno al mondo. Non esiste un momento del giorno in cui tale mercato non è attivo, perchè esistono molte piazze in cui viene scambiato e grazie alle differenze di fuso orario, si riescono ad attivare scambi 24 ore su 24.

Esistono alcuni termini utili per comprendere il mercato dei cambi: li esploreremo brevemente.

Alcuni concetti importanti legati al mercato dei cambi

Il **contratto spot** è un contratto che realizza una transazione di scambio immediato tra una valuta e l'altra: il tasso di cambio che viene quotato in relazione a queste transazioni è il tasso di cambio spot. Le transazioni sul cambio spot sono prive di rischio di non conclusione del contratto di scambio perchè le transazioni avvengono in tempo reale e quindi è improbabile che una delle due controparti non faccia fronte al contratto.

Il **contratto forward** è un contratto per lo scambio di valuta, ma in questo caso le due controparti concludono il contratto oggi con una data di consegna delle valute fissata nel futuro. Il tempo che passa prima della consegna delle valute o maturità, varia a seconda del tipo di contratto. Il prezzo di scambio di tali valute viene fissato al momento della stipula del contratto quindi quest'ultimo è un contratto privo di rischio. Anzi, viene utilizzato come strumento per proteggersi dal rischio di cambio.

Il **contratto future** è un contratto che prevede lo scambio di una quantità di valuta per un'altra, tra due controparti, ad una data predefinita futura. Diversamente dal contratto forward, il contratto future è standardizzato, matura a date prestabilite e viene commercializzato in mercati strutturati.

L'arbitraggio è una attività che viene svolta nei mercati dei cambi ed è una strategia che sfrutta qualsiasi opportunità di profitto che emerge da differenze di prezzo. Per ottenere il profitto in caso di arbitraggio, la regola è comprare a prezzo basso per rivendere a prezzo più alto. Se esiste una opportunità di profitto di questo tipo in un mercato, vuol dire che tale mercato è fuori dall'equilibrio. Se questa opportunità di profitto non esiste, allora saremo in una situazione di non-arbitraggio, il mercato è in equilibrio e soddisfa la cosiddetta *condizione di non arbitraggio*.

L'*arbitraggio* si può realizzare anche con la stessa valuta commerciata in diversi mercati. L'euro viene scambiato sia a Bruxelles che a Londra, in teoria questo potrebbe dare luogo ad un prezzo diverso a cui le due valute vengono quotate nei due mercati. Ad esempio, immaginiamo di avere un euro e di poter decidere se cambiarlo per dollari a Bruxelles oppure se effettuare lo stesso scambio a Londra. In linea di principio, il prezzo a cui la valuta si scambia per dollari e cioè il tasso di cambio euro/dollaro, dovrebbe essere uguale nei due mercati. Se così non fosse, potrei realizzare un profitto da arbitraggio: immaginiamo che il tasso di cambio euro/dollaro sia pari a $E_{€/\$} = 0.80$ a Bruxelles e a Londra invece sia $E_{€/\$} = 0.85$. Se scambio il mio euro per dollari a Bruxelles ottengo 0.80 centesimi di dollaro, a Londra otterrei 0.85. Quindi io scambio il mio euro in dollari a Londra ed ottengo 0.85 invece di 0.80, perchè è più conveniente.

Se esiste una possibilità di ottenere lo scambio di due valute a prezzi diversi, in mercati diversi, è possibile effettuare una *speculazione*.

Esempio di speculazione: Immaginiamo che vigano i tassi di cambio prima indicati e cioè: $E_{€/\$} = 0.80$ a Bruxelles e $E_{€/\$} = 0.85$ a Londra. Con una somma di 100$ ottengo a Bruxelles, 125$ e a Londra 117$ perchè usando i cambi correnti, e convertendo euro in dollari si ha che:

$$€100 = \frac{100}{0.8} = 125\$ \qquad \text{A Bruxelles}$$
$$€100 = \frac{100}{0.85} = 117\$ \qquad \text{A Londra}$$

Avendo fatto questo calcolo, mi accorgo che, se ho 117 dollari, posso scambiarli a Londra per ottenere 100 euro e poi andare sul mercato di Bruxelles e scambiar euro per dollari, ottenendo \$125. In questo modo realizzo un guadagno pari a \$125-\$117=\$8, guadagno che si definisce *speculativo*. In linea di principio potrei anche non avere i 117 dollari da investire, ma prenderli a prestito, effettuare i due scambi, ottenere 8 dollari di guadagno e restituire i soldi che mi hanno prestato: in questo caso si ottiene un profitto speculativo con un investimento *allo scoperto*, scoperto nel senso che non avevo inizialmente in mano i soldi per effettuare lo scambio. Perchè questo investimento sia vantaggioso, è necessario che il costo del prestito sia inferiore agli 8 euro che ho guadagnato, naturalmente.

La possibilità di effettuare un guadagno speculativo è invitante! Bisogna però specificare che trattandosi di prezzi di mercato, è abbastanza probabile che questa opportunità di guadagno non sia sfuggita ad altri operatori del mercato: anche loro si attiveranno sul mercato dei cambi di Londra, scambiando dollari in cambio di euro e poi effettuando l'operazione contraria a Bruxelles, cioè vendendo euro per dollari.

Questo afflusso di acquisti e vendite nella stessa direzione, non è neutrale. Il prezzo di mercato relativo delle due valute e cioè il tasso di cambio, viene influenzato dalla offerta e dalla domanda delle due valute in ciascun mercato.

Se tanti comprano euro a Londra e vendono dollari, a Londra l'euro si apprezza, il tasso di cambio euro/dollaro a Londra scende, perchè la quantità di euro necessari ad acquistare un dollaro si riduce: immaginiamo che diventi 0.82.

Al contrario a Bruxelles l'euro si deprezza perché tutti nel mercato vendono euro per comprare dollari: in questo caso il tasso di cambio sale, il valore dell'euro scende e quindi ci vogliono più euro per acquistare lo stesso dollaro. La dinamica continua finchè i due tassi di cambio non diventano uguali nei due mercati. Questo meccanismo si definisce arbitraggio. Per effetto dell'arbitraggio, i prezzi di due valute in due mercati diversi alla fine devono coincidere.

Il concetto dell'arbitraggio è importante perché ci fa capire il ruolo dell'equilibrio nel mercato: l'equilibrio nel mercato dei cambi è quella situazione in cui si verifica la condizione di *non-arbitraggio*, nel senso che non è più possibile fare arbitraggio e cioè ottenere profitti speculativi scambiando valute in mercati diversi a prezzi diversi.

L'arbitraggio si può realizzare in tutti i mercati, non solo in quello dei cambi. Il principio alla base implica che qualsiasi differenza di prezzo di scambio in due mercati dello stesso titolo, valuta o attività finanziaria, viene riassorbita automaticamente dal meccanismo di mercato, uguagliando alla fine i prezzi.

Un altro esempio di arbitraggio che ci interessa è quello che esiste tra i tassi di interesse relativi a due paesi. Questa relazione è importante non solo per capire come viene definito il rapporto tra i tassi di interesse di due paesi ma anche come viene determinato il tasso di cambio: quest'ultima influenza la domanda aggregata (come abbiamo accennato all'inizio del capitolo) per mezzo delle funzioni delle esportazioni e delle importazioni. Vedremo più avanti il legame tra tasso di cambio e domanda aggregata, per il momento studiamo l'arbitraggio tra tassi di interesse.

5.2 Le parità dei tassi di interesse

L'arbitraggio si applica anche ai tassi di interesse. Consideriamo due paesi come caso semplice.

Se esiste *libertà di movimento dei capitali* - e cioè è possibile investire la propria ricchezza finanziaria sia nel proprio paese che all'estero senza dover incorrere in costi di transazione troppo elevati - ogni investitore prenderà in considerazione se investire nel proprio paese o in quello estero, calcolando il rendimento relativo che ottiene confrontando i due casi. Questa decisione si definisce *allocazione di portafoglio* e consiste nello scegliere l'investimento che garantisce alle proprie risorse finanziarie il rendimento maggiore.

In questo caso, le due possibili *allocazioni* delle risorse sono le seguenti:

- Primo caso: Investimento in valuta domestica. Chi investe in valuta domestica acquista un titolo espresso nella valuta del proprio paese ed ottiene un tasso di interesse i. Questo investimento garantisce alla scadenza il prossimo anno un valore pari a $(1 + i)$, che include il capitale più l'interesse. Tale rendimento è in valuta domestica (euro), visto che il titolo acquistato è domestico. Questa decisione corrisponde alla prima riga di Tabella 5.1.

- Secondo caso: Investimento in valuta estera. Chi vuole investire in valuta estera deve prima convertire la propria valuta in valuta estera: in Tabella 5.1, seconda riga, l'euro iniziale di investimento viene diviso per il tasso di cambio $E_{€/\$}$, trasformando una somma che era in €, in una somma in \$. Una volta ottenuta la somma in dollari, può investirla all'estero ottenendo il rendimento estero, pari a $(1 + i^*)$ (sempre il prossimo anno). Nota bene: le variabili che riportano un asterisco, si riferiscono al paese estero, quindi per esempio i^* si riferisce al tasso di interesse estero.

INVESTIMENTO		OGGI	PROSSIMO ANNO	FINALE
↗	Domestico	Valuta: € 1€	Valuta: € (1+i) €	Valuta: € (1+i)€
1 €				↕
↘	Estero	Valuta: \$ $1€\cdot\frac{1}{E_{€/\$}}$	Valuta: \$ $1\cdot\frac{1}{E_{€/\$}}(1+i^*)\$$	Valuta: € $1\cdot\frac{1}{E_{€/\$}}(1+i^*)\cdot E^e_{€/\$}$ €

Tabella 5.1: La parità dei tassi di interesse

A questo punto, per sapere se conviene l'investimento domestico o quello estero, bisogna confrontare i rendimenti che si ottengono dopo un anno (colonna PROSSIMO ANNO di Tabella 5.1). Ma attenzione: i rendimenti non sono confrontabili direttamente perché sono espressi in due valute diverse. Bisogna quindi renderli compatibili e cioè esprimerli nella stessa valuta.

Ad esempio possiamo decidere di convertire in euro l'investimento estero che ha ottenuto un rendimento in dollari: nell'ultima colonna moltiplichiamo il rendimento dell'investimento estero per il tasso di cambio euro dollaro, effettuando l'operazione inversa a quella iniziale.

Unica cosa diversa rispetto a prima riguarda però il tasso di cambio utilizzato: al momento della decisione di investimento (cioè colonna OGGI) si usa il tasso di cambio corrente (e cioè il tasso di cambio vigente nel mercato al momento in cui viene presa la decisione di investimento). Per convertire le somme di denaro in valute diverse quando si considerano le somme future, non è possibile usare il tasso di cambio corrente, perché il tasso di cambio sarà diverso nel momento in cui il rendimento si sarà realizzato (in questo caso il prossimo anno).

Il tasso di cambio da utilizzare per convertire somme future, è un tasso di cambio futuro che non è noto al momento della decisione di investimento.

In questo caso si utilizza una *aspettativa ragionevole* sul valore che il tasso di cambio assumerà al momento dell'ottenimento del rendimento: tale cambio si definisce *atteso* e viene indicato nella formula con una 'e' che si riferisce al termine *expected* inglese.

Tale aspettativa determina una forma di incertezza nella formula, visto che non sappiamo esattamente quale valore assumerà il tasso di cambio futuro. D'altro canto, abbiamo definito il valore del rendimento futuro dell'investimento estero in euro, anche se introducendo l'aspettativa sul cambio, e quindi possiamo confrontare tale rendimento con quello domestico, anche esso espresso in euro.

Dalla condizione che eguaglia i due rendimenti (ultima colonna della Tabella 5.1), otteniamo la seguente relazione:

$$(1+i) = \frac{1}{E_{€/\$}}(1+i^*) \cdot E^e_{€/\$} \qquad (5.1)$$

Questa relazione si definisce *Parità scoperta dei tassi di interesse*. Anche questa è una condizione di non arbitraggio: quando vale questa relazione, tutte le possibilità di arbitraggio tra i tassi di interesse sono state assorbite dal mercato. Facciamo il caso che tale relazione non valga e per esempio immaginiamo che il rendimento domestico (lato sinistro) sia maggiore di quello estero (lato destro): la parità non vale, e ci sarebbe una possibilità di arbitraggio.

Anche in questo caso, si presume che gli investitori si accorgano di questa discrepanza. Di conseguenza comprano i titoli con rendimento domestico, abbandonando titoli con rendimento estero: il mercato risponde offrendo prezzi sempre più bassi per i titoli a rendimento estero - ed i tassi di interesse esteri come conseguenza salgono - mentre offre prezzi sempre più elevati per i titoli a rendimento domestico tanto richiesti - e i rendimenti relativi scendono. Come conseguenza di questa pressione sul mercato generata proprio dall'arbitraggio, i due rendimenti alla fine risulteranno uguali. Il termine *scoperta*, riportato nella relazione della parità, si riferisce a fatto che questa relazione 'scopre' gli investitori rispetto al rischio di cambio. La copertura dal rischio, in gergo finanziario, permette di evitare che l'investitore perda del valore dall'investimento, a causa di variazioni inattese di alcune variabili, in questo caso appunto il cambio. Questa componente viene espressa nella formula dal tasso di cambio futuro atteso, che non essendo conosciuto con certezza al momento della decisione di investimento, determina un rischio per l'investitore, legato al fatto che il tasso di cambio può variare alla data della scadenza. Perché la parità scoperta dei tassi di interesse valga, l'investitore deve essere indifferente tra un rendimento estero o domestico, indipendentemente dal rischio di cambio: bisogna quindi ipotizzare che tale investitore sia neutrale al rischio (e cioè sia interessato solo ai rendimenti relativi e non al rischio connesso ad uno dei due.)

Tale relazione ci permette, tramite opportune trasformazioni, di ottenere una formula per il tasso di cambio spot, come funzione dei tassi di interesse domestico ed estero e dell'aspettativa sul tasso di cambio futuro, come segue:

$$E_{€/\$} = \frac{(1+i^*)}{(1+i)} \cdot E^e_{€/\$} \tag{5.2}$$

Da questa formula ci accorgiamo che, se vale la parità scoperta dei tassi di interesse e se conosciamo tutte e tre le componenti di destra della relazione 5.2, possiamo calcolare il tasso di cambio spot. Immaginiamo che i tassi di interesse siano fissi (questa è un'ipotesi semplificatrice ma può essere utile come punto di partenza), ci resta di capire come determinare una aspettativa ragionevole sul tasso di cambio futuro.

La formula sintetizza le variabili che influenzano la determinazione del cambio: il tasso di interesse domestico - che dipende dalla politica monetaria domestica - il tasso di interesse estero - che dipende dalla politica monetaria estera - e il tasso di cambio atteso futuro, che non è noto e dipende da cosa pensano gli investitori del tasso di cambio futuro.

Esiste un'altra relazione legata alla precedente e che si definisce relativamente a questa come parità dei tassi di interesse *coperta*: questa relazione è analoga alla precedente a meno di una variabile e cioè il tasso di cambio futuro. Invece del cambio atteso, si usa il tasso di cambio dei contratti forward, che indichiamo con $F_{€/\$}$. Il *tasso di cambio forward* è il tasso di cambio che si ottiene dal mercato dei contratti forward sui cambi. L'equivalente della relazione 5.1, ma con tasso forward diventa:

$$(1+i) = \frac{1}{E_{€/\$}}(1+i^*) \cdot F_{€/\$}. \tag{5.3}$$

In questo caso, $F_{€/\$}$ permette agli investitori di essere certi del prezzo a cui potranno scambiare euro per dollari nel futuro. Infatti, nel contratto forward viene specificato il tasso di cambio a cui i due contraenti potranno effettuare il loro scambio nella data prestabilita futura, garantendo quindi un prezzo fisso che non varia nel tempo.

Le parità dei tassi di interesse sono quindi due, quella scoperta (in inglese Uncovered Interest Parity o UIP) - e quella coperta - (Covered Interest Parity o CIP). Le due relazioni implicano due tipi di equilibrio diversi: nel caso della UIP si tratta di un equilibrio in cui è presente il rischio mentre nella CIP il rischio di cambio è coperto dal contratto forward. Prendendo le due equazioni delle parità, e dividendo il lato sinistro e destro dell'una per l'altra, otteniamo la seguente relazione:

$$\frac{(1+i)}{(1+i)} = \frac{\frac{1}{E_{€/\$}}(1+i^*)\cdot E^e_{€/\$}}{\frac{1}{E_{€/\$}}(1+i^*)\cdot F_{€/\$}}$$

$$1 = \frac{E^e_{€/\$}}{F_{€/\$}}$$

$$F_{€/\$} = E^e_{€/\$}. \tag{5.4}$$

Questa relazione ci dice che quando entrambe le relazioni sono valide, i due tassi di cambio, atteso e forward, devono coincidere: se in equilibrio infatti deve essere vero che l'investitore è neutrale al rischio, non esiste differenza tra un investimento rischioso ed uno non rischioso, e quindi i due cambi sono uguali. Inoltre, se trasformiamo ulteriormente questa relazione, dividendo entrambi i membri per $E_{€/\$}$ e sottraendo per -1, otteniamo la seguente relazione:

$$\frac{E^e_{€/\$}}{E_{€/\$}} - 1 = \frac{F_{€/\$}}{E_{€/\$}} - 1$$

L'espressione di destra rappresenta il premio forward, e cioè la differenza tra il tasso forward e il tasso spot, in proporzione del tasso spot. A sinistra, abbiamo il tasso di deprezzamento atteso del cambio, e ci dice l'aspettativa di deprezzamento del cambio (sempre in percentuale). Se forward e cambio atteso sono uguali, le due relazioni coincidono. Quindi, in equilibrio, l'aspettativa di deprezzamento dovrebbe coincidere esattamente con il premio al rischio del forward. Invece, se il cambio atteso è uguale a quello effettivo, e cioè se $E^e_{€/\$} = E_{€/\$}$ non si ha aspettativa di variazione del tasso di cambio, il tasso forward coincide con lo spot.

5.3 Il tasso di cambio di equilibrio: DR-FR

Nel precedente paragrafo abbiamo studiato la UIP o parità scoperta dei tassi di interesse. Questa relazione può essere espressa in una forma diversa, una *approssimazione*, utile perchè rende esplicito il legame tra i due tassi di interesse e il tasso di deprezzamento atteso. L'approssimazione è la seguente:

$$i = i^* + \frac{(E^e_{€/\$} - E_{€/\$})}{E_{€/\$}}, \tag{5.5}$$

dove i e i^* sono i tassi di interesse domestico ed estero rispettivamente, $E_{€/\$}$ è il tasso di cambio spot corrente e $E^e_{€/\$}$ il tasso di cambio atteso futuro che si dovrebbe realizzare l'anno prossimo. In questa relazione immaginiamo di avere conoscenza esatta dei tassi di interesse domestico ed estero (sappiamo come vengono determinati i tassi di interesse nel mercato della moneta) e dobbiamo formarci una aspettativa sul valore futuro del tasso di cambio. Questa variabile non è data nel modello e si basa su molti fattori, tra cui l'andamento dell'economia del paese, le previsioni macroeconomiche, le scelte degli investitori finanziari internazionali. In ogni caso quello che più ci interessa è che con questa relazione, possiamo costruire un modello di determinazione del tasso di cambio spot che si basa sulle variabili appena identificate, una volta che abbiamo definito l'aspettativa sul tasso di cambio futuro. Per ottenere questo obiettivo, dobbiamo identificare una condizione di equilibrio che identifichi il tasso spot risultante come tasso di cambio di equilibrio.

5.3.1 L'equilibrio nel mercato dei cambi

Per identificare l'equilibrio nel mercato dei cambi, utilizziamo la relazione UIP approssimata (Eq. 5.5). Quando l'eguaglianza è verificata, abbiamo l'equilibrio nel mercato dei cambi. Proviamo a capire cosa accade quando l'eguaglianza non è verificata e come si muove il mercato nelle condizioni di non equilibrio. Vedremo poi l'aggiustamento verso l'equilibrio.

Per fare ciò utilizzeremo uno schema grafico. Innanzitutto costruiamo una funzione che rappresenta il membro di destra della Eq. 5.5, che rappresenta il rendimento che si ottiene dall'investimento all'estero.

Costruiamo questa relazione con degli esempi numerici. Ipotizziamo che il tasso di interesse domestico sia pari a $i = 0.03$ (3%) e che quello estero sia $i^* = 0.025$ (2.5%). Ipotizziamo inoltre un valore del tasso di cambio atteso pari a $E^e_{€/\$} = 0.895$. Possiamo calcolare il tasso di deprezzamento atteso grazie alla formula: $\left(\frac{E^e_{€/\$} - E_{€/\$}}{E_{€/\$}}\right)$. Per fare questo calcolo dobbiamo fornire anche un valore del tasso di cambio spot: se il cambio spot ad esempio è pari a 0.92, il tasso di deprezzamento è (0.895-0.92)/0.92=-0.027. Ultimo passaggio, calcoliamo il rendimento atteso dell'investimento all'estero, che comprende anche il deprezzamento atteso e cioè $i^* + \frac{(E^e_{€/\$} - E_{€/\$})}{E_{€/\$}}$. In questo caso il valore che si ottiene è 0.003. Proviamo a ripetere questi calcoli, per diversi valori possibili del tasso di cambio spot. I risultati sono riportati in Tabella 5.2.

Come vediamo nella Tabella 5.2, al variare del valore del tasso di cambio spot (colonna 3), varia il valore del deprezzamento atteso (colonna 5) e del rendimento estero atteso (colonna 6): il deprezzamento atteso assume valori negativi nei primi tre casi (righe 1-3) a valori positivi (righe 4-7), a seconda del valore che il tasso di cambio spot assume rispetto al tasso di cambio atteso. Se il cambio spot è maggiore di quello atteso, il deprezzamento è negativo: mi aspetto una riduzione del tasso di cambio quindi un apprezzamento dell'euro rispetto al dollaro. Il rendimento estero si riduce in relazione al deprezzamento atteso, visto che al tasso di interesse estero viene sottratta una parte relativa al deprezzamento atteso negativo.

Al contrario, quando il deprezzamento atteso è positivo, il rendimento dall'inve-

Tabella 5.2: La costruzione dell'equilibrio nel mercato dei cambi

	i	i^*	E	E^e	$\frac{(E^e-E)}{E}$	$i^* + \frac{(E^e-E)}{E}$
	(1)	(2)	(3)	(4)	(5)	(6)
1)	0.036	0.03	0.92	0.895	-0.027	0.003
2)	0.036	0.03	0.910	0.895	-0.016	0.014
3)	0.036	0.03	0.90	0.895	-0.006	0.0243
4)	0.036	0.03	0.89	0.895	0.006	0.036
5)	0.036	0.03	0.880	0.895	0.017	0.047
6)	0.036	0.03	0.870	0.895	0.029	0.059
7)	0.036	0.03	0.860	0.895	0.041	0.071

(1) Tasso di interesse domestico;
(2) Tasso di interesse estero;
(3) Tasso di cambio spot (varie ipotesi);
(4) Tasso di cambio atteso futuro;
(5) Deprezzamento atteso;
(6) Rendimento atteso dall'investimento estero.

stimento estero si accresce per effetto dell'attesa sul tasso di cambio positiva.

Se ad esempio il valore del tasso di cambio spot è quello in riga 6, e cioè $E_{€/\$} = 0.87$, il rendimento che ottengo se mi aspetto un tasso di cambio pari a 0.895 (che è il valore del tasso di cambio atteso ipotizzato) è dello 0.059 (5.9%) (riga 6, colonna 6). Infatti il tasso di deprezzamento atteso dell'euro è 0.029 (riga 6, colonna 5): sarà conveniente impiegare le proprie risorse nell'investimento estero che garantisce un tasso di interesse del 3.9% perché insieme all'apprezzamento della valuta estera pari al 2.9%, ci permetterà di ottenere il 5.9%. In questo caso investiremo quindi nel tasso di interesse estero, visto che quello domestico ci garantisce solo il 3.6%.

Analogamente, se prendiamo in considerazione i valori alla riga 1, vediamo che il tasso spot in questo caso è pari a 0.92, che è maggiore dell'aspettativa 0.895: in questo caso ci aspettiamo un apprezzamento dell'euro (-0.027 è il tasso di deprezzamento atteso, colonna 5) e un rendimento atteso dall'investimento estero pari a 0.003. Se confrontiamo questo rendimento (0.3%) con quello domestico (3.6%), sarà in questo caso conveniente il rendimento domestico. Nel caso in cui il rendimento domestico sia pari al rendimento estero, sempre ovviamente tenendo conto dell'effetto del deprezzamento atteso, otteniamo la condizione di equilibrio nel mercato dei cambi, cioè quando è soddisfatta la UIP: tale caso si trova in riga 4 dove il tasso di interesse domestico (colonna 1, riga 4) è esattamente uguale al tasso di rendimento atteso estero (colonna 6, riga 4),

Notiamo che, all'aumentare del tasso di cambio (quindi in corrispondenza di un valore del tasso spot maggiore di quello atteso), la FR è decrescente. Se voglio acquistare oggi un investimento in dollari, ad un cambio ad esempio pari al punto 1), un cambio spot pari a 0.92 è molto caro in relazione al cambio atteso pari a 0.895: il dollaro è sovrapprezzato quindi non mi conviene acquistarlo visto che mi aspetto che il cambio scenderà fino a 0.895 e quindi che si deprezzi.

Con i valori identificati in questa tabella, possiamo costruire un grafico che visualizza la condizione di equilibrio nel mercato dei cambi che abbiamo studiato (UIP) ed inoltre possiamo anche visualizzare cosa accade quando il mercato è fuori dall'equilibrio e come si realizza l'aggiustamento.

Questa relazione è visualizzata in Figura 5.1 in cui all'asse delle ascisse è indicato il tasso di cambio spot, e alle ordinate invece il rendimento atteso dell'investimento, che sia quello domestico o quello estero. Ognuno dei casi calcolati nella Tabella 5.2 è indicato sul grafico con il numero corrispondente al numero di riga della tabella.

Nel grafico ci sono due rette, una indicata con DR e una con FR. La retta DR si chiama così perchè si riferisce all'inglese Domestic Return e corrisponde al rendimento atteso dell'investimento in titoli domestici. Visto che tale investimento non dipende dal tasso di cambio, dal momento che non comporta transazioni in valuta, non cambia al variare del tasso di cambio spot e quindi viene rappresentato con una retta parallela all'asse delle ascisse. La retta FR si riferisce all'investimento estero - dall'inglese Foreign Return. Questa è negativamente inclinata, mostrando come, quando il cambio è maggiore di quello atteso e quindi ci si aspetta un cambio maggiore di quello atteso, il rendimento in titoli esteri diventa meno conveniente. Ci sono alcune importanti osservazioni da fare per comprendere la Figura 5.1:

1. La retta FR viene costruita per un valore dato del tasso di cambio atteso futuro, e cioè E^e. Quando varia E^e, la FR si sposta.
2. La retta FR viene costruita per un valore dato del tasso di interesse estero, e cioè i^*. Quando questo varia, la FR si sposta.
3. La DR dipende dal tasso di interesse domestico, che viene determinato nel mercato della moneta (vedi Capitolo 3) o dall'equilibrio economico generale (vedi Capitolo 4). Quando il tasso di interesse domestico varia, si sposta la DR.
4. Nel mercato dei cambi, l'equilibrio si raggiunge nell'intersezione tra DR e FR, indicato in Figura 5.1 con UIP (4). Il tasso di cambio spot di equilibrio viene

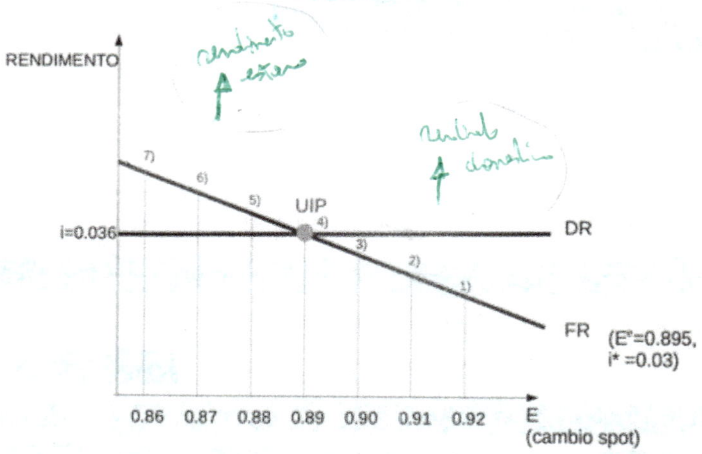

Figura 5.1: L'equilibrio nel mercato dei cambi

determinato da tale intersezione, identificato nel corrispondente valore sull'asse delle ascisse.

5. Nei punti a destra dell'equilibrio (punto indicato con UIP o punto 4)), il rendimento domestico è maggiore del rendimento estero, questo significa che gli investitori preferiranno investire in valuta domestica, aumentando la richiesta di valuta domestica, e spingendo quest'ultima verso un apprezzamento. Il tasso di cambio tenderà a scendere, deprezzando la valuta fino a raggiungere l'equilibrio nel punto (4).

6. Nei punti a sinistra dell'equilibrio, il rendimento estero è maggiore di quello domestico: gli investitori acquisteranno attività estere (e quindi valuta estera), spingendo ad un deprezzamento della valuta domestica: il cambio sale fino a

raggiungere l'equilibrio (punto (4), UIP verificata).

7. In generale, anche se la UIP non è sempre verificata nel breve periodo, per effetto dell'arbitraggio, il mercato tenderà a spingere il tasso di cambio verso l'equilibrio.

5.3.2 Statica comparata del modello di determinazione del tasso di cambio

Cosa accade all'equilibrio nel mercato dei cambi se una delle variabili coinvolte nella UIP? Ci sono tre possibili variazioni: un cambiamento del tasso di interesse domestico, un cambiamento del tasso di interesse estero, una variazione delle aspettative future sul tasso di cambio.

5.3.3 Una variazione del tasso di interesse domestico

La variazione dell'equilibrio relativa ad una riduzione del tasso di interesse domestico è visualizzata in Figura 5.2. Se il tasso di interesse domestico si riduce, la DR si sposta verso il basso, e diventa DR2. Il nuovo equilibrio sarà al punto 2 dove la nuova DR e la vecchia FR si incontrano. Per capire l'aggiustamento individuiamo il punto di intersezione precedente a questa variazione (punto 1): a questo livello del tasso di cambio, la FR è maggiore della DR2, questo significa che gli investimenti esteri sono più convenienti, gli investitori acquistano attività estere aumentando la domanda di valuta estera. Questo spinge verso l'apprezzamento della valuta estera e quindi di conseguenza al deprezzamento della valuta domestica. Il tasso di cambio aumenta: il nuovo livello di equilibrio del tasso di cambio sarà maggiore e cioè quello corrispondente al punto 2, in questo caso $E_{€/\$} = 0.91$.

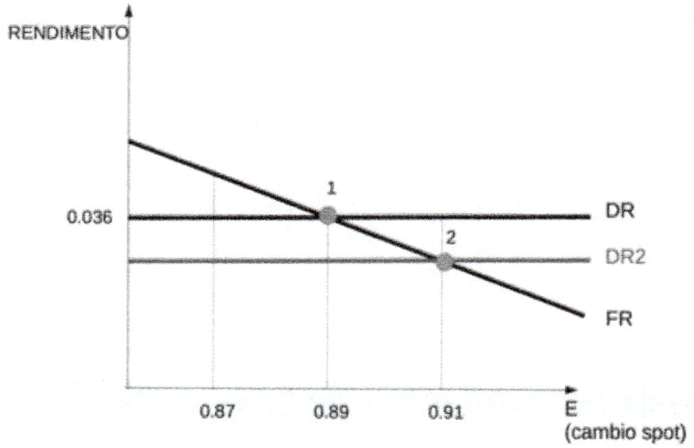

Figura 5.2: L'effetto di una variazione del tasso di interesse domestico sull'equilibrio nel mercato dei cambi

5.3.4 Una variazione del tasso di interesse estero

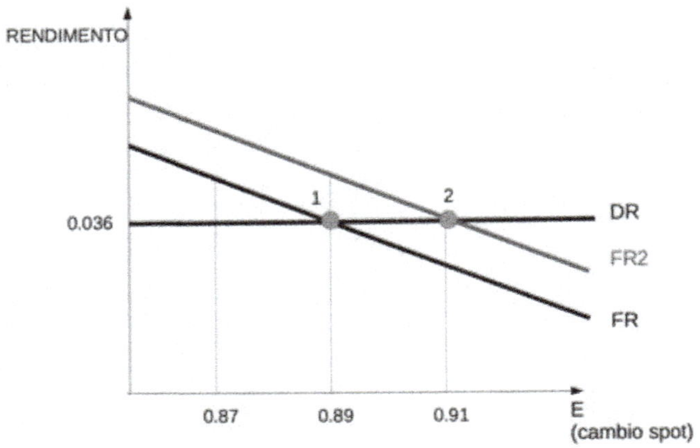

Figura 5.3: L'effetto di una variazione del tasso di interesse estero sull'equilibrio nel mercato dei cambi

Se cambia il tasso di interesse estero, si sposta la FR: ad esempio se il tasso di interesse estero aumenta, la FR si sposta verso l'alto. Il nuovo equilibrio si troverà nella intersezione tra la nuova FR (FR2) e la vecchia DR. Per capire l'aggiustamento individuiamo il punto di intersezione precedente a questa variazione (punto 1): a questo livello del tasso di cambio, la FR2 è maggiore della DR, questo significa che gli investimenti esteri sono più convenienti, gli investitori acquistano attività estere aumentando la domanda di valuta estera. Questo spinge al deprezzamento della valuta domestica e quindi ad un aumento del tasso di cambio: il nuovo livello di equilibrio del cambio sarà maggiore (punto 2).

5.3.5 Una variazione delle aspettative sul tasso di cambio

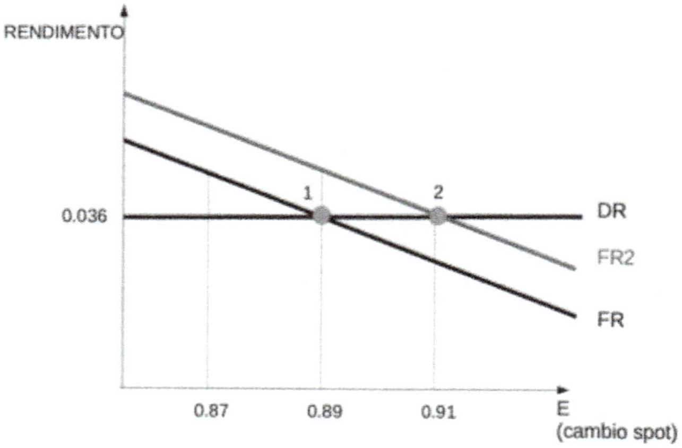

Figura 5.4: L'effetto di una variazione delle aspettative sul tasso di cambio

Se varia l'aspettativa sul tasso di cambio, ad esempio se aumenta il tasso di cambio atteso, osserviamo una variazione della FR: la nuova FR, si sposta verso l'alto (FR2). I mercati si aspettano un deprezzamento della valuta domestica. Al punto di equilibrio iniziale, la FR è maggiore di DR: visto che ci si aspetta un deprezzamento, i mercati tenderanno ad acquistare investimenti esteri. Il tasso spot si adegua all'aspettativa aumentando e quindi realizzando il deprezzamento atteso. Il nuovo equilibrio sarà nel punto 2, dove FR2 interseca la DR.

Cosa determina però queste variazioni nell'equilibrio del mercato dei cambi? Per rispondere a questa domanda dobbiamo recuperare ciò che abbiamo studiato nel capitolo sul mercato della moneta: studiando il mercato finanziario abbiamo visto che il tasso di interesse di equilibrio viene determinato dall'incontro tra MD e MS e cioè tra le preferenze dei cittadini in termini della detenzione di moneta e le decisioni della Banca Centrale in merito all'offerta di moneta. Possiamo ora analizzare l'effetto di una variazione della politica monetaria della Banca Centrale sul mercato dei cambi e quindi sul tasso di cambio di equilibrio.

5.4 La politica monetaria e il tasso di cambio

Nel precedente paragrafo abbiamo studiato come funziona il meccanismo di determinazione del tasso di cambio di equilibrio, basato sul raggiungimento della condizione di equilibrio rappresentata dalla parità scoperta dei tassi di interesse.

Se mettiamo insieme la nostra conoscenza sul tasso di cambio con quanto studiato nel Capitolo 3 in relazione all'equilibrio del mercato monetario, possiamo comprendere l'effetto delle politiche monetarie non solo sul tasso di interesse domestico ma anche sul tasso di cambio. Per ottenere questo obiettivo, mettiamo insieme il grafico che descrive l'equilibrio nel mercato monetario, con il grafico della DR-FR appena studiato, come in Figura 5.5.

Nel pannello di sinistra della Figura 5.5 è riportato l'equilibrio nel mercato monetario: dall'intersezione della MS (funzione di offerta di moneta) e della MD (funzione di domanda di moneta) possiamo determinare il tasso di interesse di equilibrio del paese domestico, come avevamo visto nel Capitolo 3. Una volta ottenuto il tasso di interesse di equilibrio domestico $i1$, in Figura 5.5, utilizziamo questo livello del tasso di interesse ed estendiamo la retta fino al pannello di destra. Ci accorgiamo qui che il tasso di interesse domestico si trasforma nella retta DR che abbiamo studiato nel precedente paragrafo. Ritroviamo il grafico DR-FR: sappiamo già che la DR rappresenta il rendimento da un investimento finanziario domestico.

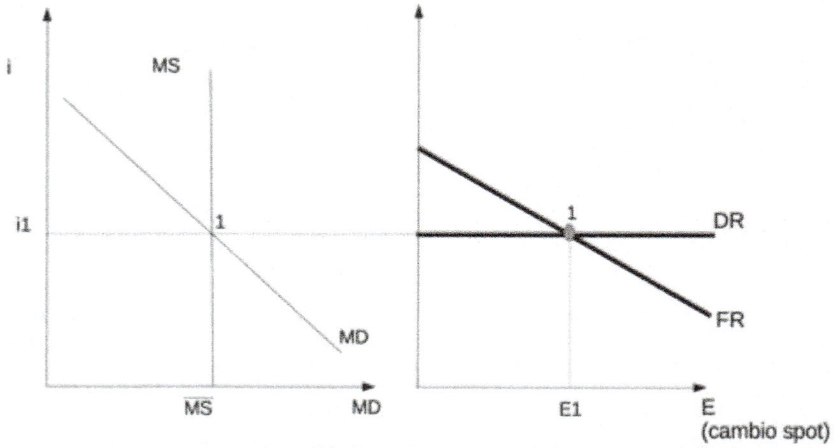

Figura 5.5: L'equilibrio nel mercato monetario e dei cambi

La FR è il rendimento dall'investimento estero. La loro intersezione identifica il tasso di cambio di equilibrio, verificando la UIP. In questo modo abbiamo trovato il legame tra equilibrio monetario di un paese, equilibrio del tasso di cambio ed equilibrio monetario del paese estero. Possiamo domandarci a questo punto quale sia l'effetto delle politiche economiche della Banca Centrale - sia domestica che estera - sul tasso di interesse domestico di ognuno dei due paesi e sul tasso di cambio di equilibrio. Studiamo due casi: l'aumento dell'offerta di moneta della Banca Centrale domestica, e l' aumento dell'offerta di moneta della Banca Centrale estera. I casi relativi ad una riduzione dell'offerta di moneta della Banca Centrale estera e domestica sono speculari.

5.4.1 L'effetto di breve periodo della politica monetaria sul tasso di cambio di equilibrio

Sappiamo dal Capitolo 3 che nel caso di una politica monetaria domestica, ad esempio una espansione monetaria, la funzione che rappresenta l'offerta di moneta (MS) si sposta verso destra da MS1 a MS2: vediamo questa situazione in Figura 5.6 in cui il nuovo equilibrio del mercato monetario è quello corrispondente al punto 2, che identifica un nuovo tasso di interesse di equilibrio $i2$. La riduzione del tasso di

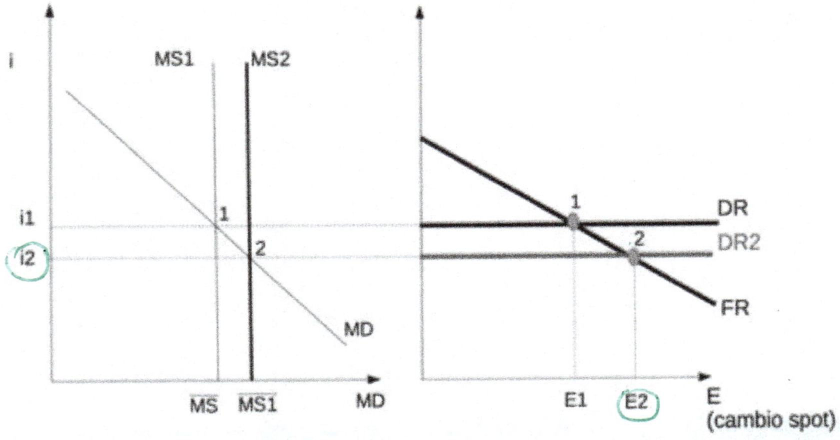

Figura 5.6: Politica monetaria espansiva domestica

interesse domestico si riflette anche sul mercato dei cambi: la retta DR si sposta verso il basso in DR2, individuando un nuovo tasso di cambio di equilibrio pari E2.

Nel breve periodo quindi, una politica monetaria espansiva domestica, ha due effetti, la riduzione del tasso di interesse e l'aumento del tasso di cambio (che equivale ad un deprezzamento della valuta domestica). Il secondo caso è quello di una politica

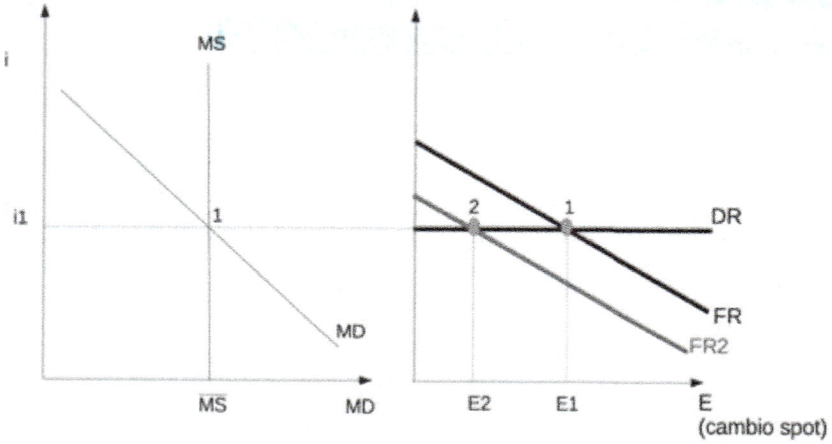

Figura 5.7: Politica monetaria espansiva all'estero

monetaria espansiva del paese estero rispetto al quale abbiamo considerato il tasso di cambio. In questo caso, un aumento dell'offerta di moneta determinerà come nel nostro paese, una riduzione del tasso di interesse domestico: in questo caso l'effetto per il nostro paese si osserva nello spostamento della FR che incorpora il tasso di interesse estero nella sua formula. Se il rendimento estero scende (al netto del deprezzamento atteso) la FR si sposta in basso come si vede in Figura 5.7: il nuovo equilibrio corrisponde al punto 2, nell'intersezione tra DR e FR. Il tasso di cambio è sceso nel nuovo equilibrio al livello E2 e quindi la nostra valuta si è apprezzata. Questa variazione corrisponde nel paese estero ad un deprezzamento, risultato che ci si aspetta nel caso di una politica monetaria espansiva.

E' importante ricordare che questi effetti si verificano nel mercato della moneta e dei cambi solo nel breve periodo: per sapere cosa accade nel lungo periodo, dobbiamo considerare delle variabili che avevamo tenuto in disparte e cioè il livello dei prezzi. In questa dispensa non studiamo il modello di medio e lungo termine che tiene conto della variazione dei prezzi, ma consideriamo i prezzi fissi.[1] Un'altra considerazione importante, riguarda invece la scelta della variabile offerta di moneta come elemento utilizzato dalla Banca centrale per effettuare le politiche monetarie: per semplicità di trattazione, utilizziamo quest'ultima anche se sempre più negli ultimi anni, le Banche Centrali hanno preso in considerazione l'obiettivo del tasso di interesse e la regola di Taylor per realizzare i propri obiettivi di politica economica.[2]

5.5 Il tasso di cambio reale

Il tasso di cambio nominale che abbiamo studiato fino ad ora corrisponde ad una variabile unicamente monetaria. Il tasso di cambio reale rappresenta un concetto che lega invece gli aspetti reali dell'economia e cioè gli elementi legati al commercio di beni e servizi. Anche nei mercati dei beni e servizi, esiste una relazione di equilibrio che suppone che il prezzo di uno stesso bene in diversi paesi debba essere uguale, una volta espresso nella stessa valuta. Questa legge si definisce come *parità dei poteri d'acquisto*, e vale solamente per quei beni e in quei casi in cui non esistono costi di

[1] Per approfondire, si può consultare il manuale di R.C. M. Feenstra and Taylor, International Macroeconomics.

[2] Per ulteriori approfondimenti in merito si possono consultare diversi manuali quali, R.C. M. Feenstra and Taylor, International Macroeconomics.

transazione rilevanti per spostare beni da un paese all'altro, e in cui è legalmente possibile effettuare tali transazioni senza impedimenti (non esiste quindi un controllo dei movimenti di capitale nè esistono restrizioni al commercio con l'estero). Per spiegare questa legge definiamo $P_€$ il livello dei prezzi in Italia (misurato ad esempio con l'indice dei prezzi al consumo) e $P_\$$ l'equivalente prezzo negli USA (prendiamo come esempio di paese estero gli Stati Uniti). Vogliamo mettere in relazione il prezzo di un paniere rappresentativo di beni di consumo nei due paesi: confrontando i prezzi dello stesso paniere nei due paesi, otteniamo il tasso a cui *tali beni possono essere scambiati* e cioè il prezzo relativo dei due panieri:

$$\epsilon = \frac{E_{€/\$} P_\$}{P_€}. \tag{5.6}$$

Al numeratore di questa relazione abbiamo il livello dei prezzi in USA moltiplicato per il tasso di cambio nominale: questo prodotto trasforma il prezzo medio del paniere acquistabile in USA in euro (per questo si moltiplica per il tasso di cambio nominale). Al denominatore invece abbiamo il prezzo dell'equivalente paniere in Italia espresso in euro. La frazione quindi indica esattamente il rapporto tra i prezzi degli stessi beni, acquistati in due paesi diversi, ma convertiti nella stessa valuta (in questo caso l'euro). Sottilineamo come in questa relazione sia presente anche il tasso di cambio nominale.

Il tasso di cambio reale quindi dipende da tre elementi: il livello dei prezzi domestico, il livello dei prezzi estero e il tasso di cambio nominale. Ad ogni variazione di uno di questi elementi, si realizza una variazione nel cambio reale.

Anche nel caso del cambio reale, possiamo utilizzare la terminologia apprezzamento e deprezzamento e in particolare abbiamo:

- un apprezzamento reale della valuta domestica, quando il tasso di cambio reale scende e cioè quando il costo reale dei beni nel paese domestico è aumentato relativamente a quello estero;

- un deprezzamento reale della valuta domestica, quando il tasso di cambio reale sale e cioè quando il costo reale dei beni nel paese domestico è diminuito relativamente a quello estero.

Mentre il tasso di cambio nominale ci dice il valore relativo nel mercato tra due valute, il tasso di cambio reale ci dice quale sia il valore relativo dei prezzi dei due paesi in termini di beni. Inoltre, il tasso di cambio reale influenza le esportazioni e le importazioni.

5.6 Esportazioni ed importazioni

5.6.1 Esportazioni

All'inizio del capitolo abbiamo introdotto le funzioni di esportazioni e importazioni. Finalmente abbiamo tutti gli strumenti a disposizione per capirne il funzionamento. La funzione delle esportazioni rappresenta le scelte di consumo dei cittadini del nostro paese nei confronti dei beni prodotti all'estero. Le esportazioni sono costituite da beni prodotti internamente che però vengono consumati all'estero: quindi costituiscono a tutti gli effetti produzione e vengono contabilizzati positivamente nel calcolo del PIL. Come abbiamo visto nel Capitolo 2, entrano positivamente nella funzione della domanda aggregata. Le esportazioni sono influenzate da due fattori: il reddito estero e il tasso di cambio reale.

- *Il reddito estero* influenza le esportazioni perché maggiore la ricchezza di cittadini di altri paesi, maggiore la loro domanda di consumi, maggiore il consumo anche di beni prodotti dal nostro paese e quindi di esportazioni.

- *Il tasso di cambio reale* influenza le esportazioni determinando la convenienza relativa dei beni prodotti nel nostro paese, rispetto a quelli prodotti nel paese di origine. Le esportazioni sono una funzione positiva del tasso di cambio reale. Se il cambio sale (si depprezza) le esportazioni salgono.

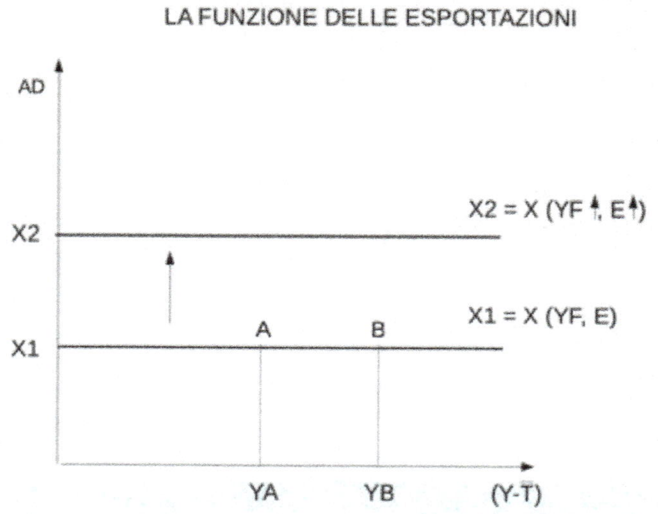

Figura 5.8: La funzione delle esportazioni

Spieghiamo quest'ultima relazione in dettaglio. Quando il cambio reale aumenta, e cioè si deprezza, significa che i nostri beni sono relativamente meno costosi rispetto a quelli esteri: questo caso si verifica quando il prezzo medio dei beni prodotti all'estero è aumentato (aumenta il numeratore nell'equazione 5.6), oppure quando il prezzo medio dei beni prodotti internamente è diminuito (il denominatore scende, determinando un aumento della frazione e quindi di ϵ). Nel primo caso, un aumento dei prezzi dei beni esteri può derivare o da un aumento dei prezzi medi dei beni prodotti all'estero, quindi $P_\$$, oppure da un aumento del tasso di cambio nominale $E_{€/\$}$. Nel primo caso si tratta di un effetto di medio periodo determinato dalla struttura produttiva e dalla contrattazione salariale: in questo libro non consideriamo le dinamiche di medio periodo e quindi immaginiamo che nell'orizzonte temporale considerato i prezzi siano fissi. Nel secondo, il tasso di cambio reale viene influenzato dal cambio nominale, il cui valore viene determinato nel mercato dei cambi, come abbiamo studiato nei precedenti paragrafi. In ogni caso, un deprezzamento del tasso di cambio reale, determinando una maggiore convenienza della nostra produzione, spinge ad un aumento delle esportazioni. *Per riassumere: le esportazioni sono una funzione positiva del tasso di cambio reale: quando il cambio sale, le esportazioni salgono.*

Se invece il tasso di cambio scende, vuol dire che si sta apprezzando e quindi i nostri beni sono relativamente più costosi rispetto a quelli prodotti all'estero. Un apprezzamento del tasso di cambio reale, determina una minore convenienza della nostra produzione, spingendo ad una riduzione delle esportazioni: le esportazioni sono una funzione positiva del tasso di cambio reale, quindi visto che in questo caso il cambio è sceso, le esportazioni saranno minori.

Disegniamo la funzione delle esportazioni nella Figura 5.8 dove all asse delle ascisse abbiamo il reddito domestico e all'asse delle ordinate la domanda di beni. La funzione delle esportazioni si rappresenta come una retta parallela all'asse delle ascisse perchè non dipende dal reddito domestico: infatti, in Figura 5.8, quando il reddito aumenta da YA ad YB, le esportazioni non cambiano, restando pari a X. La funzione dipende invece dal reddito estero e dal tasso di cambio reale, che però non sono rappresentati esplicitamente in questo grafico. Tali variabili sono esogene: quando una di queste due variabili cambia, la funzione delle esportazioni si sposta parallelamente, come segue:

- Se il reddito estero aumenta, le esportazioni aumentano: la X si sposta in alto parallelamente da X1 a X2 (e viceversa se il reddito estero YF scende, si sposta in basso)
- Se il tasso di cambio reale sale, quindi si deprezza, le esportazioni aumentano, la X si sposta verso l'alto - e viceversa se il tasso di cambio reale scende, quindi si apprezza, la X si sposta verso il basso perché le esportazioni scendono.

5.6.2 Importazioni

La funzione delle importazioni rappresenta invece la domanda di beni prodotti all'estero espressa dai cittadini del nostro paese. Visto che si tratta di produzione che non viene realizzata nel nostro paese ma solo consumata nel nostro paese, viene scorporata dal calcolo del PIL: entra infatti nella funzione di domanda aggregata con un segno meno. Le importazioni sono influenzate da due fattori: il reddito domestico e il tasso di cambio reale.

Il reddito domestico influenza le importazioni perché maggiore la ricchezza dei cittadini del nostro paese, maggiore la domanda per beni di consumo in generale, quindi maggiore anche la domanda di consumo di beni importati.

Il tasso di cambio reale influenza le importazioni perché determina la convenienza relativa dei beni prodotti nel nostro paese rispetto a quelli prodotti all'estero, in maniera speculare alle esportazioni. Le importazioni dipendono negativamente dal tasso di cambio reale, infatti:

- Se il tasso di cambio reale scende, significa che si sta apprezzando la nostra economia: i nostri beni costano relativamente di più rispetto a quelli esteri. Le importazioni aumentano.

- Se il tasso di cambio reale sale, significa che si sta deprezzando la nostra economia: i nostri beni costano relativamente meno rispetto a quelli esteri. Le importazioni scendono.

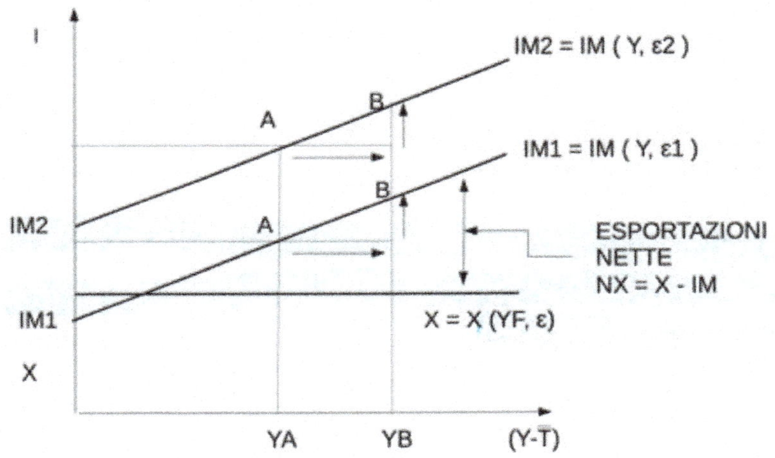

Figura 5.9: La funzione delle esportazioni nette

Disegniamo anche la funzione delle importazioni nel grafico dove era disegnata la funzione delle esportazioni: Fig. 5.9. Le importazioni sono funzione positiva del reddito nominale, quindi mostrano una pendenza positiva rispetto all'asse delle ascisse (dove è riportato il reddito nominale domestico). Maggiore il reddito dei cittadini del nostro paese, maggiori le importazioni. Al contrario, anche in questo caso, il tasso di cambio reale non è riportato sugli assi, perchè è un'esogena: ad un aumento del tasso di cambio reale, corrisponde un deprezzamento e quindi una riduzione delle importazioni; la IM (funzione delle importazioni) si sposta parallelamente verso il basso. Analogamente, una riduzione del tasso di cambio reale, porta ad un apprezzamento della valuta domestica, e quindi dell'economia domestica, determinando una minore convenienza della produzione domestica e quindi ad un aumento delle importazioni: la IM si sposta verso l'alto. Nella Fig. 5.9 si vede come una riduzione del tasso di cambio da $\epsilon 1$ ad $\epsilon 2$, ($\epsilon 2 < \epsilon 1$) determina uno spostamento della funzione delle importazioni da IM1 a IM2.

5.6.3 Esportazioni nette

Possiamo riassumere l'effetto di esportazioni ed importazioni sulla domanda aggregata, definendo una variabile che riassume le due componenti, tramite la sua differenza: le esportazioni nette. In pratica sono le esportazioni al netto delle importazioni e si possono scrivere con la sigla NX (da Net Exports):

$$NX = X - IM. \tag{5.7}$$

L'ultimo passaggio è quello di aggiungere questa ultima componente alla funzione di domanda aggregata, semplicemente come abbiamo aggiunto le altre componenti: cioè sommando la funzione delle esportazioni nette oppure aggiungendo la funzione delle esportazioni e poi sottraendo quella delle importazioni. In ogni caso la nostra AD adesso dipenderà anche dal reddito del paese estero con cui ha rapporti commerciali, ma anche dal tasso di cambio reale. Quest'ultima variabile è ulteriormente importante perché evidenzia un legame esistente tra economia reale e monetaria: il tasso di cambio nominale. Infatti, il cambio nominale, viene determinato nel mercato della moneta e dei cambi, e influenzato dai tassi di interesse dei due paesi e dal mercato dei cambi bilaterali. Ora, per mezzo del cambio reale, questa variabile nominale influenza indirettamente anche il mercato dei beni, in particolare quei beni che vengono scambiati tra paesi, e in ultima istanza la domanda aggregata e il reddito di equilibrio.

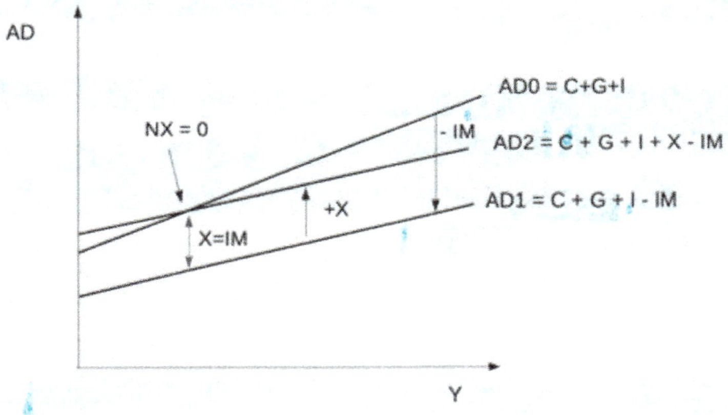

Figura 5.10: La costruzione della AD in economia aperta

Una volta aggiunte le esportazioni nette, abbiamo ottenuto la funzione di domanda aggregata in economia aperta, analoga a quella in economia chiusa ma con in più la parte di commercio con l'estero. La procedura per l'identificazione dell'equilibrio economico generale è analoga a quella studiata nel Capitolo 4: l'unica differenza consiste nelle variabili determinanti la AD che ora includono anche X e IM, come spiegato nei paragrafi precedenti.

5.7 Le politiche economiche in economia aperta

Nei capitoli precedenti, relativi all'economia chiusa, abbiamo studiato l'effetto su reddito e tasso di interesse delle politiche economiche, fiscali e monetarie. Ora studiamo le politiche economiche in economia aperta. I soggetti che realizzano tali politiche sono smpre il Governo e la Banca Centrale. Il Governo effettua politiche fiscali espansive o restrittive. Dovremo in questo caso analizzare l'effetto di queste ultime sul reddito e tasso di interesse, ma anche sul tasso di cambio nominale. Egualmente, le politiche monetarie espansive e restrittive della Banca Centrale, avranno effetto su reddito, tasso di interesse domestico ma anche sul tasso di cambio. Infine, la Banca Centrale, in economia aperta, può effettuare anche politiche relative al tasso di cambio, decidendo di fissare il cambio con un altro paese ad un predeterminato livello, oppure di lasciare che il cambio nominale fluttui liberamente in risposta alle dinamiche di mercato. Per questo motivo dovremo analizzare le politiche monetarie e fiscali tenendo conto di quale politica di cambio viene realizzata nel paese: se la Banca Centrale decide una politica di cambio fisso o flessibile.

Per analizzare questi casi, utilizzeremo un nuovo diagramma che mette insieme l'equilibrio economico generale - identificato dalla relazione IS-LM - con l'equilibrio del tasso di cambio, identificato dalla relazione DR-FR.

Nel capitolo relativo all'equilibrio economico generale, abbiamo visto che l'intersezione tra IS ed LM, determina il valore di reddito e tasso di interesse di equilibrio. Prendiamo il tasso di interesse di equilibrio ed estendiamo tale valore al diagramma DR-FR: la DR coinciderà con il tasso di interesse domestico, e variazioni di quest'ultimo faranno variare la DR, esattamente come visto nei paragrafi precedenti studiando l'equilibrio monetario in economia aperta. L'equilibrio economico generale in economia aperta è rappresentato in Figura 5.11. Il punto 1 identifica reddito e tasso di interesse di equilibrio nel paese domestico: il tasso di interesse $i1$ corrisponde alla retta DR che rappresenta il rendimento domestico. L'intersezione tra DR e FR, punto 1' nel pannello di destra, rappresenta l'equilibrio del tasso di cambio, il cui valore è esattamente E1. Utilizzando questo diagramma possiamo studiare le politiche economiche fiscali e monetarie, dopo aver specificato quale politica di cambio è stata adottata dalla Banca Centrale.

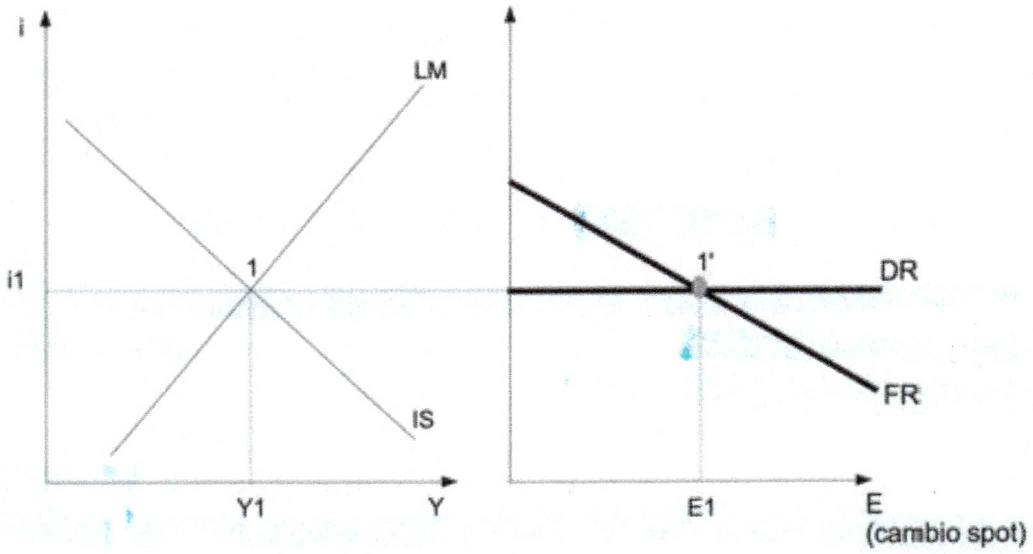

Figura 5.11: Equilibrio economico generale in economia aperta

5.7.1 Le politiche economiche ed i regimi di tasso di cambio

Le politiche monetarie e fiscali decise da ogni paese, hanno un effetto diverso a seconda del regime di tasso di cambio scelto. Esistono due casi estremi: il tasso di cambio fisso ed il tasso di cambio flessibile. Nella realtà, ci sono paesi che adottano regimi di cambio misti, ma per comprendere i meccanismi fondamentali alla base degli stessi, per il momento focalizziamo la nostra attenzione su questi due casi. Consideriamo gli effetti di breve periodo, quindi ipotizziamo che i prezzi siano fissi o *vischiosi* sia nel paese domestico che in quello estero. Ipotizziamo che il punto di partenza di ogni economia sia una situazione di equilibrio di lungo periodo, e immaginiamo che non ci siano vincoli alla circolazione di capitali finanziari e che il tasso di cambio nominale sia determinato dalle forze di mercato. Inoltre, immaginiamo che queste variazioni non siano permanenti ma solo transitorie, il che significa che non ci sono variazioni nelle aspettative sul tasso di cambio, determinate da una variazione di E^e.

5.7.2 Politiche monetarie in economia aperta

Per capire la differenza tra tasso di cambio fisso e flessibile, analizziamo direttamente un esempio di politica a confronto nei due regimi e cioè una politica monetaria espansiva in cambi fissi e flessibili.

Politica monetaria espansiva in regime di cambi flessibili La Figura 5.12 illustra il caso di una politica monetaria espansiva in cambi flessibili. Nel pannello di sinistra il punto 1 rappresenta l'equilibrio economico generale, intersezione tra IS e LM. Il tasso di interesse i1 è anche il rendimento domestico nel mercato dei cambi, rappresentato dalla retta DR. Un aumento dell'offerta di moneta, fa spostare la LM a destra da LM1 a LM2, determinando una riduzione del tasso di interesse da i1 a i2. Il rendimento domestico a sua volta scende da DR1 a DR2, determinando uno spostamento verso il basso della DR. La riduzione del rendimento domestico, spinge gli investitori verso attività finanziarie estere, determinando un aumento della domanda di valuta estera e quindi un deprezzamento.

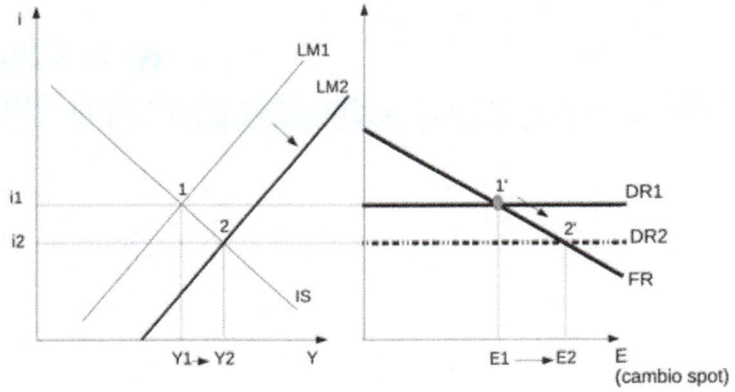

Figura 5.12: Politica monetaria in cambi flessibili

Questa pressione sul mercato dei cambi determina un deprezzamento del cambio, che aumenta da E1 ad E2. Sia la variazione del tasso di interesse che del tasso di cambio, hanno un effetto sul mercato dei beni. Un tasso di interesse minore, determina un aumento degli investimenti privati, aumentando la domanda aggregata. Un deprezzamento del tasso di cambio, determina una maggiore convenienza delle esportazioni domestiche rispetto alle importazioni[3], migliorando le esportazioni nette,

[3]Il deprezzamento del cambio determina in realtà anche un effetto sulle importazioni, giacchè

e quindi facendo aumentare ulteriormente la domanda aggregata. Questi due effetti sono visualizzati nello spostamento lungo la curva IS dal punto 1 al punto 2 nel pannello di destra, Figura 5.12. Alla fine si verifica un aumento del reddito da Y1 ad Y2. Il nuovo equilibrio economico generale sarà nel punto 2, corrispondente ad un equilibrio nel mercato dei cambi pari al punto 2' (pannello di destra).

Politica monetaria espansiva in regime di cambi fissi Quando un paese decide di attuare una politica di cambi fissi, significa che vuole tenere bloccato il tasso di cambio ad un livello prefissato, ad esempio $\bar{E}$. Anche in questa situazione, deve essere valida la UIP, dato che gli scambi di mercato sono liberi.

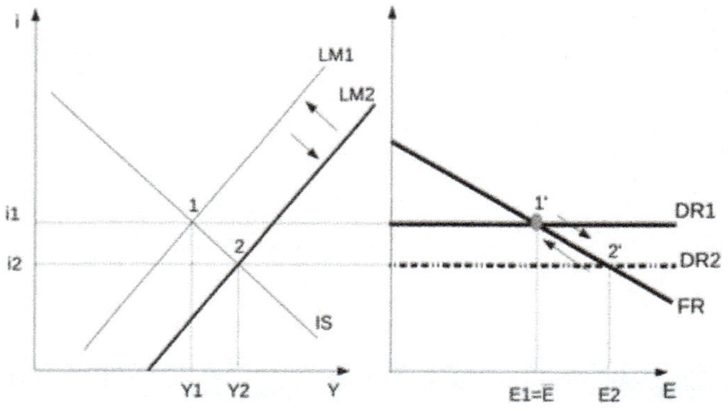

Figura 5.13: Politica monetaria in cambi fissi

queste ultime diventano immediatamente più care nel momento in cui il cambio si deprezza, facendo peggiorare la NX. Visto che gli economisti tendono a sostenere che comunque l'effetto maggiore è quello sulle esportazioni, tralasciamo questo dettaglio.

Partiamo da un equilibrio del mercato dei beni e della moneta pari a 1 in Figura 5.13 e da un equilibrio del mercato dei cambi pari al punto 1'. Un aumento dell'offerta di moneta, sposta la LM in basso a destra, e fa ridurre il tasso di interesse. Nel pannello di destra la DR si sposta di conseguenza verso il basso determinando una pressione verso l'aumento del cambio fino al livello $E2$. In questo caso però, il tasso di cambio è fisso, quindi non può essere diverso dal valore $\bar{E}$, quindi le autorità monetarie non possono far spostare la LM determinando questa variazione del tasso di interesse. Nel grafico, questo corrisponde a ritornare alla LM1 originaria e alla DR1 originaria, in cui nessuna variazione derivante dalla politica monetaria si è verificata. In pratica la politica monetaria non può essere utilizzata per influenzare il reddito, perchè tramite quest'ultima variano i tassi di interesse che, per mezzo della UIP, determinano anche una variazione del tasso di cambio, cosa non permessa se il tasso di cambio è fissato. Sostanzialmente, fissare il tasso di cambio equivale ad abbandonare la possibilità di effettuare politiche monetarie autonome.

5.7.3 Politiche fiscali in economia aperta

Anche le politiche fiscali devono essere analizzate nei due casi, e cioè quando il tasso di cambio è flessibile e quando è fisso. Immaginiamo un aumento della spesa pubblica nel paese domestico e studiamo gli effetti nei due casi.

Politica fiscale espansiva in regime di cambi flessibili In Figura 5.14, partiamo da un equilibrio economico generale (punto 1) e da un equilibrio nel mercato dei cambi (punto 2, pannello di destra). Una politica fiscale espansiva, fa spostare la IS parallelamente verso l'alto destra, determinando un aumento del tasso di interesse da $i1$ a $i2$. Nel mercato dei cambi, il rendimento dei titoli domestici aumenta, facendo spostare la DR1 in DR2. Il maggiore rendimento domestico, fa apprezzare il cambio perchè gli investitori domandano maggiore moneta interna per ottenere il maggiore rendimento: il cambio di equilibrio passa da E1 a E2.

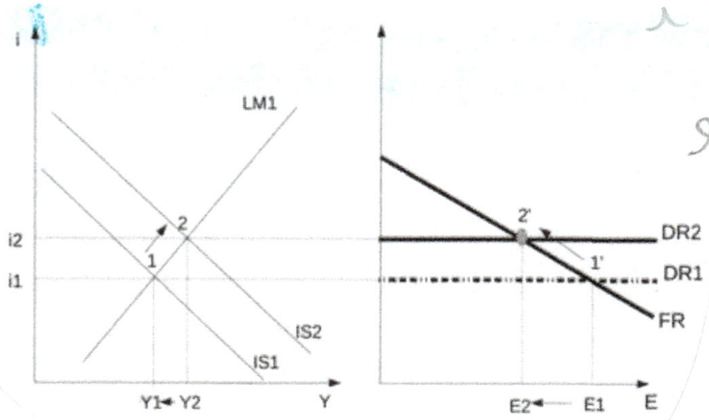

Figura 5.14: Politica fiscale in cambi flessibili

Nel mercato dei beni, innanzitutto l'aumento del tasso di interesse fa diminuire gli investimenti privati, e questo determina una riduzione della domanda aggregata e quindi del reddito di equilibrio. Inoltre, il cambio si è apprezzato, quindi le esportazioni sono diventate relativamente meno convenienti delle importazioni, quindi dimuniscono, peggiorando la NX e di conseguenza riducendo la AD e il reddito di equilibrio. Nonostante ciò, in linea di principio, essendo aumentata G, anche la AD è aumentata: per sapere l'effetto netto finale dovremmo avere in mano dati, in ogni caso possiamo valutare la presenza di questi due effetti contrastanti. Da una parte la politica fiscale aumenta AD, dall'altra gli effetti indiretti riducono AD e quindi il reddito. In questo caso supponiamo che l'effetto diretto della politica fiscale superi l'effetto indiretto derivante dall'aumento di tasso di interesse e tasso di cambio.

Politica fiscale espansiva in regime di cambi fissi Per comprendere l'effetto della politica fiscale in regime di cambio fisso, bisogna ricordare innanzitutto che, quando non esistono restrizioni ai movimenti di capitale tra paesi, deve essere sempre valida la UIP. Questo significa che il rendimento domestico ed estero devono essere sempre uguali in equilibrio. Partendo da un equilibrio iniziale dei mercati di moneta, reddito e cambio, punti 1 e 1' in Figura 5.15, una politica fiscale espansiva temporanea determina uno spostamento della IS verso destra da IS1 a IS2, causando un aumento del tasso di interesse di equilibrio da $i1$ a $i2$. In seguito a ciò, il rendimento domestico, rappresentato dalla DR1, dovrebbe aumentare, facendo spostare la DR1 in alto in DR2. Questa variazione determina quindi una variazione del cambio di equilibrio che dovrebbe passare da $\bar{E}$ a $E2$. Tale pressione sul cambio non può essere accettata dalla Banca Centrale, che deve rispondere usando la politica monetaria, per mantenere il valore del cambio al valore prefissato dal regime e cioè al livello $\bar{E}$. Per ottenere questo risultato, la Banca Centrale deve effettuare una politica monetaria espansiva, spostando la LM da LM1 a LM2: l'espansione monetaria, aumentando l'offerta di moneta domestica, spinge verso un deprezzamento della valuta, che controbilancia l'apprezzamento iniziale determinato dalla politica fiscale. Il risultato di queste due politiche determina alla fine un aumento considerevole dell'output da Y1 a Y2, mentre sia il tasso di interesse che il tasso di cambio restano al punto di partenza. Quando un paese opera in regime di cambi fissi, la politica fiscale è estremamente efficace perchè una espansione fiscale effettuata dal Governo forza la Banca Centrale ad effettuare una politica monetaria espansiva per mantenere fisso il tasso di cambio.

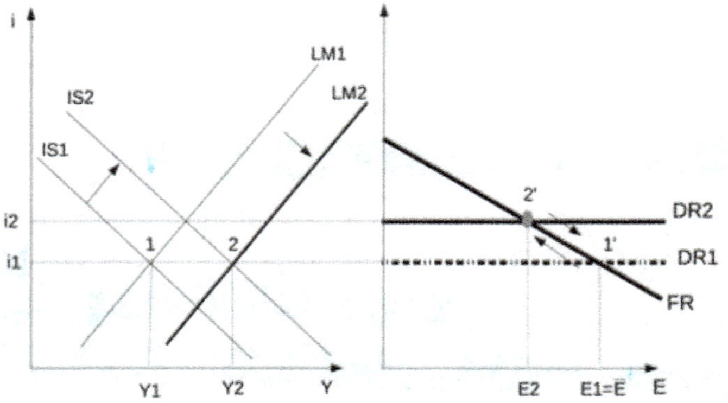

Figura 5.15: Politica fiscale in cambi fissi

↑i ↑DR

per riportare il tasso di cambio alla situazione precedente

devo spostare la LM in basso (PAE)

↑Y ma ha lo stesso i e tasso di cambio

Capitolo 6

Prove di esame

6.1 Esame

6.1.1 Domande di teoria

1. Definire il tasso di disoccupazione.
2. Fornire la definizione di NON forze lavoro.
3. Definire e descrivere la funzione di domanda aggregata AD.
4. Descrivere la funzione delle tasse.
5. Definire variabile esogena ed endogena.

6.1.2 Esercizio

Si supponga che un'economia sia rappresentata dalle seguenti equazioni:

$$C = 600 + 0.4YD$$

$$I = 1000 \qquad G = 1000$$

$$T = 500 + 0.1Y \qquad YD = Y - T$$

1. Calcolare il livello di equilibrio del reddito ed il valore del moltiplicatore.
2. Calcolare il consumo e le tasse di equilibrio.
3. Supponendo che la spesa pubblica diminuisca e diventi $G = 520$, calcolare il nuovo reddito di equilibrio.
4. Indicare in un grafico AD-Y la nuova funzione di domanda aggregata che si osserva dopo la politica implementata al punto precedente, identificare il nuovo equilibrio del reddito e riportare il nuovo valore sul grafico.

6.1.3 Soluzione

1. Per calcolare il livello di equilibrio del reddito bisogna innanzitutto calcolare la domanda aggregata come segue:

$$
\begin{aligned}
AD &= C + I + G \\
AD &= 600 + 0.4(Y - T) + 1000 + 1000 \\
AD &= 2600 + 0.4(Y - 500 - 0.1Y) \\
AD &= 2600 - 200 + 0.4(Y - 0.1Y) \\
AD &= 2400 + 0.4(0.9Y) \\
AD &= 2400 + 0.36Y
\end{aligned}
$$

Bisogna poi applicare la condizione di equilibrio del mercato dei beni, $Y = AD$.

$$
\begin{aligned}
Y = AD &= 2400 + 0.36Y \\
Y - 0.36Y &= 2400 \\
0.64Y &= 2400 \\
Y &= \frac{1}{0.64}2400 = 3750
\end{aligned}
$$

Il reddito di equilibrio vale $Y = 3750$ e il moltiplicatore è pari a 1.5625.

2. Il valore del consumo di equilibrio si trova sostituendo nella funzione del consumo, il valore trovato del reddito di equilibrio:

$$C = 600 + 0.4(Y - 500 - 0.1Y)$$
$$C = 600 + 0.4(0.9Y - 500)$$
$$C = 600 + 0.36Y - 200$$
$$C = 400 + 0.36 \cdot 3750$$
$$C = 400 + 1350 = 1750$$

Le tasse di equilibrio si trovano analogamente, sostituendo il valore del reddito di equilibrio nella espressione delle tasse fornita nell'esercizio:

$$T = 500 + 0.1Y$$
$$T = 500 + 0.1 \cdot 3750$$
$$T = 500 + 375 = 875$$

3. Se la spesa pubblica diminuisce e diventa $G = 520$, possiamo sostituire questo valore nella AD e ripetere la procedura; oppure possiamo prendere la funzione di domanda aggregata e ridurre la componente autonoma di un ammontare pari alla riduzione della spesa pubblica, in questo caso -480, visto che la G è passata da 1000 a 520:

$$AD = 2400 + 0.36Y. \qquad \text{Vecchia AD}$$
$$AD = 1920 + 0.36Y \qquad \text{Nuova AD}$$

poi imponiamo la condizione di equilibrio:

$$\begin{aligned} Y = AD &= 1920 + 0.36Y \\ Y - 0.36Y &= 1920 \\ 0.64Y &= 1920 \\ Y &= \frac{1}{0.64}1920 = 3000. \end{aligned}$$

4. Di seguito il grafico relativo all'equilibrio nel mercato dei beni prima e dopo la politica fiscale restrittiva: il primo equilibrio corrisponde a E1, con un reddito di 3750. Dopo la politica fiscale, la AD si sposta in basso parallelamente di un ammontare pari alla riduzione della G: il nuovo equilibrio del mercato dei beni si identifica nell'intersezione tra nuova AD (AD') e bisettrice, il punto E2. Il nuovo reddito di equilibrio è $Y = 3000$.

6.2 Esame

Si supponga che un'economia sia caratterizzata dalle seguenti equazioni:

$$C = 400 + 0.25(Y - T)$$
$$I = 700 + 0.3Y - 500\,i$$
$$G = 1200 \qquad T = 100$$
$$Md = 0.5Y - 5000\,i \qquad Ms = 1100$$

1. Spiegare brevemente come si ottiene la condizione di equilibrio economico generale, indicando le equazioni coinvolte.

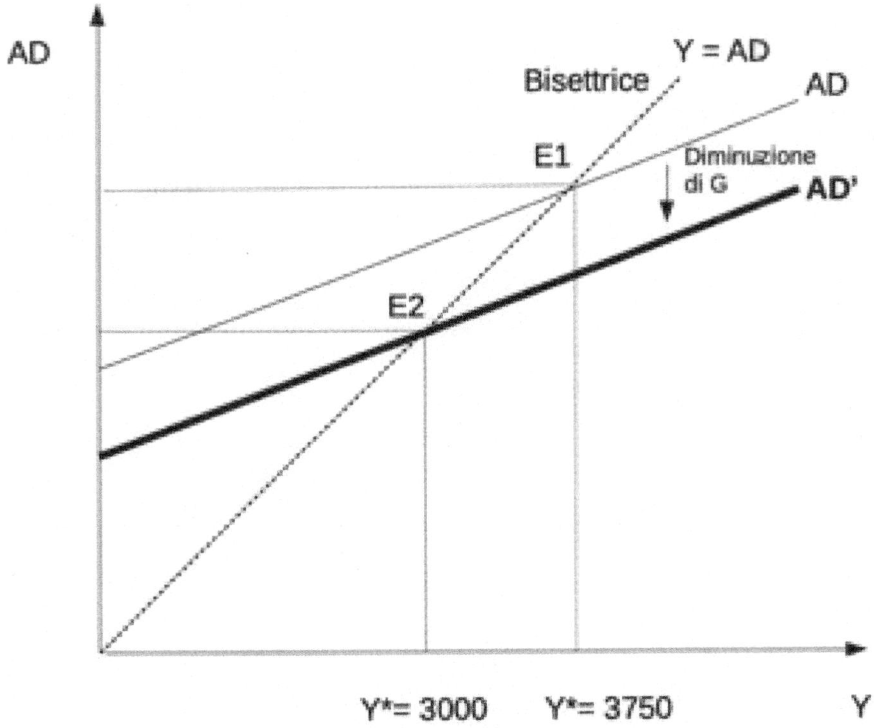

Figura 6.1: Equilibrio del mercato dei beni, Politica fiscale restrittiva

2. Calcolare i valori di reddito (Y) e tasso di interesse (i) di equilibrio economico generale.

3. Calcolare i valori di equilibrio economico generale di consumo (C) e investimento (I).

4. Calcolare i valori di reddito (Y) e tasso di interesse (i) di equilibrio economico generale che si verificano dopo una politica fiscale che riduce le tasse fino a 50.

5. Calcolare i nuovi valori di equilibrio di consumo (C) e investimento (I) ottenuti in seguito alla politica economica.

6. Mostrare su un grafico IS-LM l'equilibrio economico generale prima e dopo la politica indicata. Segnare i livelli di equilibrio di Y e i prima e dopo la politica e indicare specificatamente quale delle due curve si è spostata a seguito della politica economica effettuata.

7. Compilare la seguente tabella e commentare ognuna delle variabili indicate, spiegando secondo la teoria perché è stato ottenuto il risultato riportato.

	PRIMA della politica	DOPO la politica
Y	....	....
i	....	....
C	....	....
I	....	....
$BS = T - G$	....	....

8. Prendendo i due valori del tasso di interesse riportati in tabella, calcolate i due prezzi di un titolo che promette oggi un pagamento di 100 € l'anno prossimo, utilizzando la formula che lega il prezzo al tasso di interesse (**NB:** i prezzi dovranno essere 2).

6.2.1 Soluzione

1) Per ottenere la condizione di equilibrio economico generale, bisogna mettere a sistema le equazioni che rappresentano l'equilibrio del mercato dei beni ($Y = AD$) e l'equilibrio del mercato monetario (Md=Ms), in modo da risolvere per i valori di equilibrio del reddito Y e del tasso di interesse i.

2) Per calcolare i valori di reddito e tasso di interesse di equilibrio, dobbiamo prima identificare le equazioni che rappresentano l'equilibrio nel mercato dei beni (IS) e l'equilibrio nel mercato della moneta (LM) e poi metterle a sistema. L'equazione dell'equilibrio nel mercato dei beni si chiama IS e si ottiene eguagliando la domanda aggregata di beni (AD) e l'offerta (la produzione, Y). Poi bisogna sostituire nella funzione della AD le componenti specifiche individuate nel testo dell'esercizio e risolvere per Y come funzione di i, come segue:

$$\begin{aligned}
IS: Y &= AD = C + I + G \\
Y &= C + I + G \\
Y &= 400 + 0.25(Y - 100) + 700 + 0.3Y - 500\,i + 1200 \\
Y &= 2300 + 0.25Y - 25 + 0.3Y - 500\,i \\
Y &= 2275 + 0.55Y - 500\,i \\
Y - 0.55Y &= 2275 - 500\,i \\
0.45Y &= 2275 - 500\,i \\
\frac{1}{\cancel{0.45}}\cancel{0.45}Y &= \frac{1}{0.45}(2275 - 500\,i) \\
Y &= \frac{1}{0.45}(2275 - 500\,i)
\end{aligned}$$

Per trovare la LM devo imporre la condizione di equilibrio nel mercato della moneta, che corrisponde ad eguagliare la domanda di moneta Md all'offerta di moneta MS come segue:

$$\begin{aligned}
\text{Md} &= \text{Ms} \\
0.5Y - 5000\,i &= 1100 \\
0.5Y &= 1100 + 5000\,i \\
\frac{1}{0.5}0.5Y &= \frac{1}{0.5}(5000\,i + 1100) \\
\frac{1}{\cancel{0.5}}\cancel{0.5}Y &= \frac{1}{0.5}(5000\,i + 1100) \\
Y &= 2(5000\,i + 1100) \\
Y &= 10000\,i + 2200
\end{aligned}$$

Per trovare i valori di equilibrio economico generale del reddito Y e del tasso di interesse i, dobbiamo risolvere il sistema di equazioni in due incognite composto dalla IS e dalla LM (decidiamo di utilizzare l'espressione implicita per la IS e l'espressione esplicita per la LM):

$$\begin{aligned}
Y &= \frac{1}{0.45}(2275 - 500\,i) && \text{IS} \\
Y &= 10000\,i + 2200 && \text{LM}
\end{aligned}$$

NB! Indipendentemente dalla tipologia di equazioni utilizzate (implicite o esplicite), otterremmo lo stesso risultato; nel caso sorgessero valori leggermente discostanti, ciò è dovuto ad un fattore puramente matematico, quale le approssimazioni decimali. Per risolvere il sistema uso in questo caso il metodo del confronto: visto che a sinistra di entrambe le equazioni trovo Y, posso eguagliare anche i membri di destra, come segue:

$$
\begin{aligned}
\text{IS} &= \text{LM} && \text{Intersezione tra le due rette} \\
\frac{1}{0.45}(2275 - 500i) &= 10000\, i + 2200 \\
2275 - 500\, i &= 0.45\, (10000\, i + 2200) \\
2275 - 500\, i &= 4500\, i + 990 \\
2275 - 990 &= 4500\, i + 500\, i \\
1285 &= 5000\, i \\
i &= \frac{1285}{5000} \\
i^* &= 0.257 && \text{Tasso di interesse di equilibrio}
\end{aligned}
$$

Sostituendo il valore di equilibrio del tasso di interesse prima ottenuto nelle espressioni della IS o della LM otteniamo il valore di equilibrio del reddito. Proviamo a sostituire nella LM il valore i^* prima trovato:

$$
\begin{aligned}
Y &= 10000\, i^* + 2200 \\
Y &= 10000 \cdot 0.257 + 2200 \\
Y^* &= 2570 + 2200 = 4770.
\end{aligned}
$$

3) Per ottenere i valori di equilibrio economico generale di consumo e investimento, sostituiamo dove è necessario, il tasso di interesse e il reddito di equilibrio, nelle

equazioni del consumo e dell'investimento rispettivamente, come segue:

$$\begin{aligned}
Consumo: C &= 400 + 0.25(Y^* - T) \\
C &= 400 + 0.25(4770 - 100) \\
C^* &= 400 + 1167.5 = 1567.5 \\
Investimento: I &= 700 + 0.3Y^* - 500\,i^* \\
I &= 700 + 0.3 \cdot 4770 - 500 \cdot 0.257 \\
I^* &= 700 + 1431 - 128.5 = 2002.5.
\end{aligned}$$

4) Una politica di riduzione delle tasse corrisponde ad una politica fiscale espansiva. Per ottenere il valore di equilibrio di reddito e tasso di interesse, bisogna sostituire il valore delle tasse nella componente della spesa autonoma. Dobbiamo replicare i calcoli dall'inizio con questo nuovo valore di T, per ottenere la nuova IS, come segue:

$$IS: Y = AD = C + I + G$$

$$\begin{aligned}
Y &= 400 + 0.25(Y - 50) + 700 + 0.3Y - 500\,i + 1200 \\
Y &= 2300 + 0.25Y - 12.5 + 0.3Y - 500\,i
\end{aligned}$$

$$\begin{aligned}
Y &= 2287.5 + 0.55Y - 500\,i \\
Y - 0.55Y &= 2287.5 - 500\,i \\
0.45Y &= 2287.5 - 500\,i
\end{aligned}$$

$$Y = \frac{1}{0.45}(2287.5 - 500\ i)$$

Visto che si tratta di una politica fiscale, la funzione LM non viene modificata perché la politica fiscale agisce in maniera diretta solo nel mercato dei beni. Possiamo quindi prendere la vecchia LM per metterla a sistema con la nuova IS e otteniamo così nuovi valori di equilibrio.

$$\begin{aligned}
\text{nuova IS} &= \text{vecchia LM} && \text{Intersezione}\\
\frac{1}{0.45}(2287.5 - 500\ i) &= 10000\ i + 2200\\
2287.5 - 500\ i &= 0.45\ (10000\ i + 2200)\\
2287.5 - 500\ i &= 4500\ i + 990\\
2287.5 - 990 &= 4500\ i + 500\ i\\
1297.5 &= 5000\ i\\
i &= \frac{1297.5}{5000}\\
i^* &= 0.2595 && \text{Nuovo tasso di interesse di eq.}
\end{aligned}$$

Sostituendo il valore di equilibrio del tasso di interesse ottenuto, nelle espressioni della IS o della LM, otteniamo il valore di equilibrio del reddito. Proviamo a sostituire nella LM il valore i^* prima trovato:

$$Y = 10000\ i^* + 2200 = 10000 \cdot 0.2595 + 2200$$
$$Y^* = 2595 + 2200 = 4795$$

5) Per ottenere i valori di equilibrio economico generale di consumo e investimento

che si verificano dopo la politica fiscale sostituiamo, dove è necessario, i nuovi tasso di interesse (i^*) e reddito di equilibrio (i^*), nelle equazioni del consumo e dell'investimento rispettivamente, come segue:

$$\begin{aligned} Consumo: C &= 400 + 0.25(Y^* - T) \\ C &= 400 + 0.25(4795 - 100) \\ C^* &= 1573.75 \end{aligned}$$

$$\begin{aligned} Investimento: I &= 700 + 0.3Y^* - 500\,i^* \\ I &= 700 + 0.3 \cdot 4795 - 500 \cdot 0.2595 \\ I^* &= 700 + 1438.5 - 129.75 = 2008.75 \end{aligned}$$

6) Di seguito, riportiamo la tabella con i valori delle variabili prima e dopo la politica: La politica fiscale espansiva ha determinato un aumento del reddito e un

	PRIMA della politica	DOPO la politica
Y	4770	4795
i	0.257	0.2595
C	1567.5	1573.75
I	2002.5	2008.75
$BS = T - G$	-1100	-1150

aumento del tasso di interesse come previsto dalla teoria. Il consumo è aumentato e questo è coerente con la teoria visto che la funzione del consumo dipende solo dal reddito e se il reddito aumenta il consumo non può che aumentare. Anche l'investimento è aumentato. Quest'ultimo risultato non è sempre prevedibile. La funzione dell'investimento dipende positivamente dal reddito e negativamente dal tasso di interesse. In una politica fiscale espansiva entrambi aumentano, quindi potremmo osservare alla fine sia un aumento che una diminuzione dell'investimento, sommando i due effetti: l'aumento deriva dalla relazione positiva con il reddito, la riduzione dipende dalla relazione negativa con il tasso di interesse (quando il tasso di interesse aumenta, l'investimento si riduce perché aumenta il costo di prendere a prestito). In questo caso l'effetto positivo derivante dal maggior reddito è maggiore dell'effetto negativo determinato dal maggior tasso di interesse. Nel caso contrario, e cioè quando l'effetto negativo derivante dal maggior tasso di interesse supera l'effetto positivo del reddito, si verifica l'effetto di spiazzamento della spesa pubblica verso gli investimenti privati. 7) Nel grafico che segue sono riportate la IS e la LM prima e dopo la politica indicata. Il punto di equilibrio economico generale iniziale è E1. Dopo la politica fiscale, la IS si sposta parallelamente verso destra, ed è l'unica a spostarsi visto che la politica fiscale non influenza la LM. La nuova IS identifica un nuovo punto di equilibrio E2 di intersezione con la LM. 8) Prendendo i due valori del tasso di interesse riportati in tabella, precisamente $i = 0.257$ e $i = 0.2595$ calcoliamo i due prezzi di un titolo che promette oggi un pagamento di 100 € l'anno prossimo, corrispondenti ai due livelli del tasso di interesse, utilizzando la formula che lega il prezzo al tasso di interesse e cioè:

$$P = \frac{100}{1+i} \qquad \text{Formula generale}$$

$$P = \frac{100}{1+0.257} = 79.55 \text{ €} \qquad \text{Primo prezzo}$$

$$P = \frac{100}{1+0.2595} = 79.39 \text{ €} \qquad \text{Secondo prezzo.}$$

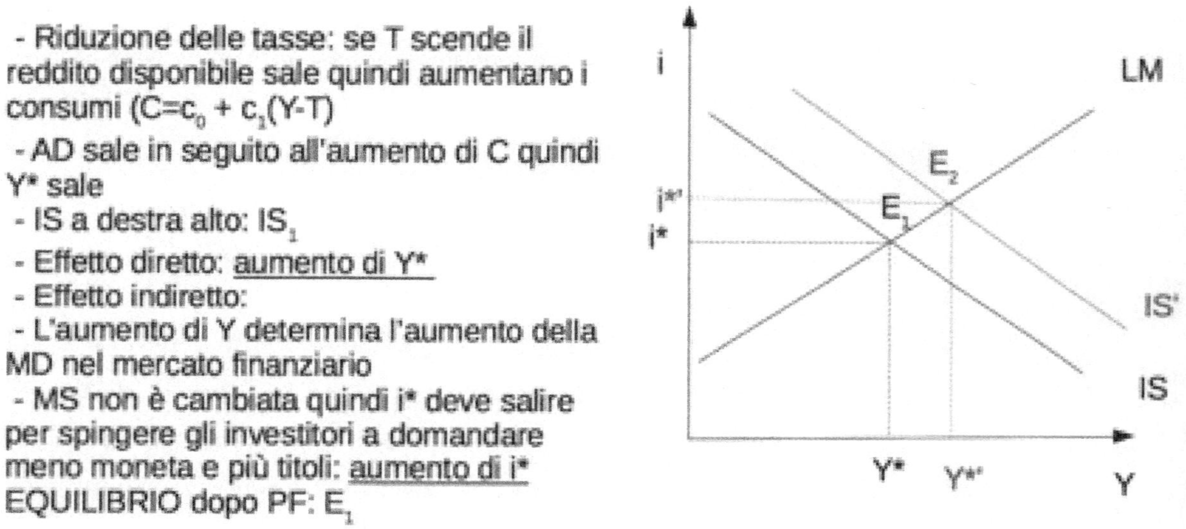

Figura 6.2: Politica fiscale espansiva, riduzione delle tasse

6.3 Esame

6.3.1 Teoria

1. Enunciare la definizione del PIL secondo il metodo del valore aggiunto. Come si calcola il valore aggiunto di una impresa? Quali beni nel bilancio vengono scorporati dal calcolo del valore aggiunto?
2. Definire il tasso di attività
3. Descrivere la teoria del ciclo politico
4. Quali sono le componenti della domanda aggregata che si riferiscono al settore pubblico?
5. Definire il bilancio pubblico utilizzando anche la sua formula

6.3.2 Esercizio

Supponete che un'economia sia rappresentata dalle seguenti equazioni:

$$\begin{aligned} C &= 100 + 0.5YD \\ I &= 1000 \\ G &= 300 \\ T &= 200 + 0.3Y \\ YD &= Y - T \end{aligned}$$

1. Calcolare il livello di equilibrio del reddito ed il valore del moltiplicatore.

Y=2000 moltiplicatore=1.5385

2. Calcolare il consumo e le tasse di equilibrio.

C=700 T=800

3. Indicare in un grafico AD-Y l'equilibrio del mercato dei beni, identificare il punto di equilibrio e segnare il valore del reddito di equilibrio sull'asse.
4. Supponendo che la spesa pubblica aumenti e diventi $G = 950$, calcolare di nuovo reddito di equilibrio

Y=3000

5. Indicare nel precedente grafico AD-Y la nuova funzione di domanda aggregata che si osserva dopo la politica implementata al punto precedente, identificare il nuovo equilibrio del reddito e riportare il nuovo valore sul grafico.

6.4 Esame

6.4.1 Teoria

1. Enunciare la definizione del PIL secondo il metodo dei beni finali. Cosa sono i beni finali?
2. Enunciare la definizione del PIL nominale e del PIL reale, specificando cosa li differenzia.
3. Fornire la definizione di occupato.
4. Definire il tasso di inflazione. Indicare la formula per il suo calcolo.
5. Definire il reddito di pieno impiego.

6.4.2 Esercizio

Supponete che un'economia sia rappresentata dalle seguenti equazioni:

$$\begin{aligned} C &= 300 + 0.4YD \\ I &= 500 \\ G &= 1200 \\ T &= 200 + 0.1Y \\ YD &= Y - T \end{aligned}$$

1. Calcolare il livello di equilibrio del reddito ed il valore del moltiplicatore

Y=3000 moltiplicatore=1.5625

2. Calcolare il consumo e le tasse di equilibrio.

C=1300 T=500

3. Indicare in un grafico AD-Y l'equilibrio del mercato dei beni, identificare il punto di equilibrio e segnare il valore del reddito di equilibrio sull'asse
4. Supponendo che la spesa pubblica diminuisca e diventi $G = 800$, calcolare di nuovo reddito di equilibrio.

Y=2375

5. Indicare nel precedente grafico AD-Y la nuova funzione di domanda aggregata che si osserva dopo la politica implementata al punto precedente, identificare il nuovo equilibrio del reddito e riportare il nuovo valore sul grafico.

6.5 Esame

6.5.1 Teoria

1. Enunciare la definizione del PIL secondo il metodo dei redditi. Come si calcolano i profitti?
2. Fornire la definizione di disoccupato.
3. Definire il deflatore del PIL.
4. Descrivere la funzione del consumo.
5. Spiegare il funzionamento del moltiplicatore dinamico.

6.5.2 Esercizio

Supponete che un'economia sia rappresentata dalle seguenti equazioni:

$$
\begin{aligned}
C &= 600 + 0.3YD \\
I &= 500 \\
G &= 600 \\
T &= 200 + 0.4Y \\
YD &= Y - T
\end{aligned}
$$

1. Calcolare il livello di equilibrio del reddito ed il valore del moltiplicatore.

Y=2000 moltiplicatore=1.2195

2. Calcolare il consumo e le tasse di equilibrio.

   C=900 T=1000

3. Indicare in un grafico AD-Y l'equilibrio del mercato dei beni, identificare il punto di equilibrio e segnare il valore del reddito di equilibrio sull'asse.
4. Supponendo che la spesa pubblica aumenti e diventi $G = 1420$, calcolare il nuovo reddito di equilibrio.

   Y=3000

5. Indicare nel precedente grafico AD-Y la nuova funzione di domanda aggregata che si osserva dopo la politica implementata al punto precedente, identificare il nuovo equilibrio del reddito e riportare il nuovo valore sul grafico.

6.6 Esame

Si supponga che un'economia sia caratterizzata dalle seguenti equazioni:

$$C = 1200 + 0.25(Y - T)$$
$$I = 200 + 0.5Y - 500\,i$$
$$G = 1200$$
$$T = 1000$$
$$Md = 0.5Y - 5000i$$
$$Ms = 3800$$

1. Calcolare i valori di reddito (Y) e tasso di interesse (i) di equilibrio economico generale.

   Y=2000 i=0.15

2. Calcolare i valori di equilibrio economico generale di consumo (C) e investimento (I).

   C=3225 I=4675

3. Calcolare i valori di reddito (Y) e tasso di interesse (i) di equilibrio economico generale che si verificano con una funzione delle tasse $T = 0.5Y$.

   Y=7020 i=-0.058

4. Calcolare il bilancio dello Stato (BS) di equilibrio prima e dopo la variazione della funzione delle tasse e cioè con $T = 1000$ e con $T = 0.5Y$.

   BS(T=1000)=-200 BS(T=0.5Y)=2310

5. Mostrare su un grafico IS-LM l'equilibrio economico generale prima e dopo una mix di politiche, fiscale espansiva e monetaria restrittiva. Indicare brevemente quali sono gli effetti su reddito e tasso di interesse delle due politiche e poi gli effetti finali. **Soluzione: Vedi Capitolo 4, Figura 4.7**.
6. Spiegare in due grafici come si ottiene la curva LM in seguito a variazioni dell'equilibrio del mercato finanziario. **Soluzione: Vedi Capitolo 3, Figura 3.10** e paragrafo collegato.
7. In che cosa consiste la disoccupazione? Definire forze di lavoro e popolazione fuori dalla forza lavoro.

6.7 Esame

1. Si supponga che un'economia sia caratterizzata dalle seguenti equazioni:

$$C = 1000 + 0.5(Y - T) \tag{6.1}$$

$$I = 4000 + 0.1Y - 8000\,i \tag{6.2}$$

$$G = 100 \qquad T = 200 \tag{6.3}$$

$$Md/P = 0.5Y - 20000i \qquad Ms/P = 4000 \tag{6.4}$$

2. Calcolate i valori di reddito (Y) e tasso di interesse (i) di equilibrio economico generale. Calcolate inoltre valori di equilibrio economico generale di consumo e investimento, riportando tutti i valori ottenuti nei puntini: $Y =$ .... ; $i =$ .... $C =$ ...., $I =$ ....[5 punti]

3. Mostrate, senza fare calcoli, cosa accade in un sistema di assi cartesiani IS-LM, partendo da un equilibrio economico generale, se il Governo decide una politica di riduzione delle tasse e la Banca Centrale decida di accomodare tale politica utilizzando una politica di aumento dell'offerta di moneta. Mostrate cosa accade in un grafico IS-LM e spiegate brevemente i passaggi indicando quale sarà il nuovo equilibrio. Indicate cosa vi aspettate accadrà al valore finale di Consumi e Investimenti dopo le due politiche, indicando precisamente se la vostra previsione è certa oppure ci sono dei valori non prevedibili, a meno di avere numeri precisi. [5 punti]

Domande di teoria: 20 punti : Rispondere alle domande nel foglio a quadretti, ricordando di indicare il numero della domanda relativa. Ogni risposta vale 4 punti.

1. Enunciate la definizione del PIL secondo i tre metodi.
2. Definite il tasso di cambio nominale. Definite il tasso di cambio reale. In cosa sono i due tassi di cambio diversi?
3. Spiegate cosa indica la parità scoperta dei tassi di interesse indicando la formula esatta.
4. Utilizzate il grafico che identifica il tasso di cambio di equilibrio (DR-FR). Mostrate cosa accade ad un equilibrio in seguito ad una riduzione del tasso di interesse domestico
5. Calcolate il prezzo di un titolo oggi, che paga l'anno prossimo 100 euro, al tasso di interesse del 5%. Spiegate come si ottiene la formula del valore presente scontato.

6.8 Esame

1. Si supponga che un'economia sia caratterizzata dalle seguenti equazioni:

$$C = 500 + 0.5(Y - T) \tag{6.5}$$

$$I = 2000 + 0.1Y - 4000\,i \tag{6.6}$$

$$G = 50 \qquad T = 100 \tag{6.7}$$

$$Md/P = 0.5Y - 10000i \qquad Ms/P = 2000 \tag{6.8}$$

2. Calcolate i valori di reddito (Y) e tasso di interesse (i) di equilibrio economico generale. Calcolate inoltre valori di equilibrio economico generale di consumo e investimento, riportando tutti i valori ottenuti nei puntini: $Y =$ .... ; $i =$ .... $C =$ ...., $I =$ ....[5 punti]

3. Mostrate, senza fare calcoli, cosa accade in un sistema di assi cartesiani IS-LM, partendo da un equilibrio economico generale, se il Governo decide una politica di aumento delle tasse e la Banca Centrale decida di accomodare tale politica utilizzando una politica di riduzione dell'offerta di moneta. Mostrate cosa accade in un grafico IS-LM e spiegate brevemente i passaggi indicando quale sarà il nuovo equilibrio. Indicate cosa vi aspettate accadrà al valore finale di Consumi e Investimenti dopo le due politiche, indicando precisamente se la vostra previsione è certa oppure ci sono dei valori non prevedibili, a meno di avere numeri precisi.[5 punti]

Domande di teoria: 20 punti : Rispondere alle domande nel foglio a quadretti, ricordando di indicare il numero della domanda relativa. Ogni risposta vale 4 punti.

1. Enunciate la definizione del PIL nominale e reale
2. Definite il tasso di cambio nominale. Definite il tasso di cambio reale. In cosa sono i due tassi di cambio diversi?
3. Spiegate cosa indica la parità coperta dei tassi di interesse indicando la formula esatta. Cosa indica quella scoperta? In cosa sono diverse?
4. Utilizzate il grafico che identifica il tasso di cambio di equilibrio (DR-FR). Mostrate cosa accade ad un equilibrio in seguito ad un aumento del tasso di interesse domestico.
5. Calcolate il prezzo di un titolo oggi, che paga l'anno prossimo 300 euro, al tasso di interesse del 3%. Spiegate come si ottiene la formula del valore presente scontato.

6.9 Esame

1. Si supponga che un'economia sia caratterizzata dalle seguenti equazioni:

$$C = 750 + 0.5(Y - T) \tag{6.9}$$

$$I = 250 + 0.1Y - 1500\,i \tag{6.10}$$

$$G = 100 \qquad T = 50 \tag{6.11}$$

$$Md/P = 0.5Y - 5000i \qquad Ms/P = 1000 \tag{6.12}$$

2. Calcolate i valori di reddito (Y) e tasso di interesse (i) di equilibrio economico generale. Calcolate inoltre valori di equilibrio economico generale di consumo e investimento, riportando tutti i valori ottenuti nei puntini: $Y =$ .... ; $i =$ .... $C =$ ...., $I =$ ....[5 punti]

3. Mostrate, senza fare calcoli, cosa accade in un sistema di assi cartesiani IS-LM, partendo da un equilibrio economico generale, se il Governo decide una politica di aumento della spesa pubblica e la Banca Centrale decida di accomodare tale politica utilizzando una politica di aumento dell'offerta di moneta. Mostrate cosa accade in un grafico IS-LM e spiegate brevemente i passaggi indicando quale sarà il nuovo equilibrio. Indicate cosa vi aspettate accadrà al valore finale di Consumi e Investimenti dopo le due politiche, indicando precisamente se la vostra previsione è certa oppure ci sono dei valori non prevedibili, a meno di avere numeri precisi. [5 punti]

Domande di teoria: 20 punti : Rispondere alle domande nel foglio a quadretti, ricordando di indicare il numero della domanda relativa. Ogni risposta vale 4 punti.

1. Enunciate la definizione del PIL reale e PIL Nominale

2. Definite il tasso di cambio e il tasso di cambio reale: quali sono le differenze tra i due?

3. Spiegate cosa indica la parità scoperta dei tassi di interesse indicando la formula esatta.

4. Considerate un diagramma DR-FR. Partite da una situazione di equilibrio. Cosa accade all'equilibrio se nel paese domestico aumenta il tasso di interesse domestico. Quali delle due curve si sposta?

5. In relazione alla domanda del punto precedente, quale sarà il valore finale del tasso di cambio dopo la variazione. Spiegate il meccanismo di aggiustamento

6.10 Quesiti di teoria

Il seguente elenco rappresenta alcuni esempi di quesiti di teoria riscontrabili nelle prossime prove di esame del corso. **Attenzione! Si tratta di un sottoinsieme, pertanto potrebbero essere presenti anche quesiti differenti da quelli sottoelencati.**

1. Enunciare la definizione del PIL secondo il metodo dei beni finali. Cosa sono i beni finali? Quali beni sono esclusi dal calcolo?
2. Enunciare la definizione del PIL secondo il metodo dei redditi. Come si calcolano i profitti?
3. Enunciare la definizione del PIL secondo il metodo del valore aggiunto. Come si calcola il valore aggiunto di una impresa? Quali beni vengono scorporati dal calcolo del valore aggiunto?
4. Enunciare la definizione del PIL nominale e del PIL reale, specificando cosa li differenzia.
5. Fornire la definizione di occupato.
6. Fornire la definizione di disoccupato.
7. Fornire la definizione di NON forze lavoro.
8. Definire il tasso di attività.
9. Definire il tasso di occupazione.
10. Definire il tasso di disoccupazione.

11. Definire il tasso di inflazione. Indica la formula per il suo calcolo.
12. Definire il deflatore del PIL.
13. Descrivere la teoria del ciclo politico.
14. Definire la funzione di domanda aggregata.
15. Definire il reddito di pieno impiego.
16. Descrivere la funzione del consumo.
17. Spiegare il funzionamento del moltiplicatore dinamico.
18. Quali sono le componenti della domanda aggregata che si riferiscono al settore pubblico?
19. Qual è la condizione di equilibrio nel mercato dei beni?
20. Definire il bilancio pubblico utilizzando anche la sua formula.
21. Definire variabile esogena ed endogena.
22. Descrivere la funzione delle tasse.
23. Definire il tasso di cambio nominale e reale. Come si differenziano?
24. Dove viene determinato il tasso di cambio nominale?
25. Definisci la parità scoperta dei tassi di interesse. Disegna in un sistema di assi cartesiani l'equilibrio nel mercato dei cambi.
26. Dato un sistema DR-FR, identifica l'equilibrio del tasso di cambio. Cosa accade in un punto a destra dell'equilibrio?

27. Dato un sistema DR-FR, identifica l'equilibrio del tasso di cambio. Cosa accade se aumenta il tasso di interesse domestico? Identifica l'equilibrio dopo la variazione e spiega l'aggiustamento.

28. Dato un sistema DR-FR, identifica l'equilibrio del tasso di cambio. Cosa accade se aumenta il tasso di interesse estero? Identifica l'equilibrio dopo la variazione e spiega l'aggiustamento.

29. Definisci la funzione delle esportazioni. Quali sono le variabili che la influenzano?

30. Definisci la funzione delle importazioni. Quali sono le variabili che la influenzano?

31. Cosa avviene alla funzione di domanda aggregata, in seguito ad un aumento del tasso di cambio reale (apprezzamento reale)? Spiega in dettaglio gli effetti su importazioni, esportazioni e l'effetto netto atteso.

Printed by Amazon Italia Logistica S.r.l.
Torrazza Piemonte (TO), Italy

30653718R00130